交通百科

水路运输

交通百科编委会　编著

中国大百科全书出版社

图书在版编目（CIP）数据

水路运输 / 交通百科编委会编著 . -- 北京 ：中国
大百科全书出版社，2025.1. --（交通百科）. -- ISBN
978-7-5202-1821-4

Ⅰ . U6-49

中国国家版本馆 CIP 数据核字第 2025HN3017 号

总 策 划：刘　杭　郭继艳
策划编辑：马　蕴
责任编辑：马　蕴
责任校对：邵桃炜
责任印制：王亚青
出版发行：中国大百科全书出版社有限公司
地　　址：北京市西城区阜成门北大街 17 号
邮政编码：100037
电　　话：010-88390811
网　　址：http://www.ecph.com.cn
印　　刷：唐山富达印务有限公司
开　　本：710mm×1000mm　1/16
印　　张：10
字　　数：100 千字
版　　次：2025 年 1 月第 1 版
印　　次：2025 年 1 月第 1 次印刷
书　　号：ISBN 978-7-5202-1821-4
定　　价：48.00 元

本书如有印装质量问题，可与出版社联系调换。

—— 总　序

这是一套面向大众、根植于《中国大百科全书》第三版（以下简称百科三版）的百科通俗读物。

百科全书是概要记述人类一切门类知识或某一门类知识的完备的工具书。它的主要作用是供人们随时查检需要的知识和事实资料，还具有扩大读者知识视野和帮助人们系统求知的教育作用，常被誉为"没有围墙的大学"。简而言之，它是回答问题的书，是扩展知识的书。

中国大百科全书出版社从1978年起，陆续编纂出版了《中国大百科全书》第一版、第二版和第三版。这是我国科学文化建设的一项重要基础性、标志性、创新性工程，是在百年未有之大变局和中华民族伟大复兴全局的大背景下，提升我国文化软实力、提高中华文化国际影响力的一项重要举措，具有重大的现实意义和深远的历史意义。

百科三版的编纂工作经国务院立项，得到国家各有关部门、全国科学文化研究机构、学术团体、高等院校的大力支持，专家、学者5万余人参与编纂，代表了各学科最高的专业水平。专家、作者和编辑人员殚精竭虑，按照习近平总书记的要求，努力将百科三版建设成有中国特色、有国际影响力的权威知识宝库。截至2023年底，百科三版通过网站（www.zgbk.com）发布了50余万个网络版条目，并陆续出版了一批纸质版学科卷百科全书，将中国的百科全书事业推向了一个新的高度。

重文修武，耕读传家，是我们中国人悠久的文化传承。作为出版人，我们以传播科学文化知识为己任，希望通过出版更多优秀的出版物来落实总书记的要求——推动文化繁荣、建设中华民族现代文明，努力建设中国式现代化强国。

为了更好地向大众普及科学文化知识，我们从《中国大百科全书》第三版中选取一些条目，通过"人居环境""科学通识""地球知识""工艺美术""动物百科""植物百科""渔猎文明""交通百科"等主题结集成册，精心策划了这套大众版图书。其中每一个主题包含不同数量的分册，不仅保持条目的科学性、知识性、准确性、严谨性，而且具备趣味性、可读性，语言风格和内容深度上更适合非专业读者，希望读者在领略丰富多彩的各领域知识之时，也能了解到书中展示的科学的知识体系。

衷心希望广大读者喜爱这套丛书，并敬请对书中不足之处给予批评指正！

《中国大百科全书》编辑部

"交通百科"丛书序

　　交通运输是人类社会的基本需求，是国民经济中基础性、先导性、战略性产业，是重要的服务性行业。铁路、公路、港口、航道、站场、邮政、民航、管道等公共设施以及各种交通运输载运工具，为人的流动和商品流通提供基本条件，是社会有效运转的基础。交通运输衔接生产和消费两端，保证了人类在政治、经济、文化、社会、军事等方面的交往和联系，在优化国家产业布局、促进经济结构调整、服务社会、改善民生、维护国防安全等方面，起到了重要的支撑和引领作用。

　　自中华人民共和国成立，中国交通运输经历了从"瓶颈制约"到"初步缓解"、从"基本适应"到"总体适应"的发展历程，快速缩小与世界一流水平的差距，在多个领域实现超越。中国已经建成全球最大的高速铁路网、高速公路网、世界级港口群，航空和海运通达全球。中国高铁、中国路、中国桥、中国港、中国快递成为靓丽的中国名片。规模巨大、内畅外联的综合交通运输体系有力服务和支撑着中国作为世界第二大经济体和世界第一大货物贸易国的运转。交通运输缩短了时空距离，加速了物资流通和人员流动，深刻改变了中国城乡面貌，有力促进了城乡一体化进程，不仅有力保障了国内国际循环畅通，也为世界经济发展做出了重要贡献。

　　为便于广大读者全面地了解各类交通运输知识，编委会依托《中国大百科全书》第三版交通运输工程学科各分支领域内容，精心策划了"交通百科"丛书。根据主要交通运输方式,编为《航空运输概览》《铁路、桥隧、机车》《公路运输总汇》《水路运输》《邮政》《中外著名港口》《管道运输和综合运输》《智能交通改变生活》等分册,图文并茂地介绍了各类交通运输方式的发展历史、现状和趋势。

希望通过《中国大百科全书》第三版大众版"交通百科"丛书的出版,帮助读者朋友广泛地了解更安全、更便捷、更高效、更绿色、更智能的交通运输系统。传播科学知识,弘扬科学精神,助力交通强国建设,带来更美好的生活!

交通百科丛书编委会

目　录

第 6 章　船舶设备及系统　109

第 1 章

运输船舶

运输船舶是用于载运旅客和货物的船舶。又称商船。随着世界经济的发展，现代运输船舶已形成种类繁多、技术复杂和高度专业化的庞大船队。

◆ 历史沿革

运输船舶的发展大致经历了舟筏、木帆船和钢质蒸汽机船 3 个漫长阶段。从 20 世纪中叶开始，运输船舶逐步发展到以钢质船体、柴油机动力为主的新时期，逐步形成了种类繁多、性能各异的大家族。以液化天然气、电力、生物燃料、太阳能等多种绿色能源为动力源的运输船舶已开始得到应用和发展。

早在 19 世纪 70 年代，英国在大西洋上就开辟了专门从事客运的定期航线。此后，各航运发达国家竞相建造设备齐全、豪华舒适的大

英国国王亨利八世统治时期的木帆船（复原图）

型客船。从 20 世纪 60 年代起，海上长途客船逐渐被远程喷气客机所取代。但在陆岛、岛屿、海峡间及内河、湖泊中的某些航线，客船运输则始终没有间断，并随着贸易往来、旅游业兴起和船舶技术的不断进步，形成了具有不同特点的客 / 车渡船运输、多种高速客船运输和豪华旅游客船运输。

早期的货船都是蒸汽机杂货船，20 世纪初开始出现油船。至 20 世纪 40 年代，散货船又从杂货船中分离出来。从 60 年代起，运输船舶又进一步专业化、大型化，出现了一系列新的船种，如集装箱船、液化气船、滚装船、载驳船、风帆助推船等。其中，集装箱船发展最为迅速，油船是世界商船队中最庞大的船队，传统的杂货船在艘数上仍居首位。

◆ 分类

运输船舶按用途可分为客船和货船，以及客货兼载的客货船和各类（客 / 车）渡船，机动驳船、拖带船队和顶推船队是内河运输船舶的重要组成部分；按航区可分为远洋船、沿海船、内河船以及北美洲的大湖船等；按航行方式可分为排水型船（全部重量靠水的浮力支承的船）、水动升力型船（部分重量由水动升力支承，如水翼船）、空气静压力（气垫）型船（由封闭气垫静压力支承全部或部分重量，如气垫船）及空气动升力型船（利用"地面效应"贴近水面航行，如掠海地效翼船）等；按有无动力装置可分为机动船和无动力驳船，机动船又可分为蒸汽机船、汽轮机船、柴油机船和核动力船等；按船体材料可分为钢船、木船、水泥船和玻璃钢船等。客船和货船是运输船舶的主要构成。

客船

客船按航行区域可分为远洋客船、沿海客船和内河客船。其中，远洋客船又称邮船；内河客船是江河湖泊上的传统运输船舶。按船型特征可分为以下 6 类：①纯客船。专供载运旅客及其随身携带行李物品的客运船舶。②客货船。以客为主，客货兼载，进入 21 世纪以来，受多种运输方式发展的影响，处于萎缩状态，仅在内河和沿海某些特殊航区仍有使用。③旅游船。20 世纪 60 年代兴起的、供旅游者旅行游览用的船。船上设备齐全，能为各类旅客提供观光、疗养、娱乐和智力开发等综合性服务。④客滚船、客箱船。可兼运一定数量的车辆、大件货物及集装箱。⑤客 / 车渡船。20 世纪 60 年代兴起的船种，除载客外能同时载运一定数量的旅客自备汽车及其他货物。⑥高速客船。主要有高速双体船、水翼船、气垫船，多用于陆岛、岛屿、海峡、沿海和内河短途航行。

货船

货船按航行区域可分为远洋货船、沿海货船和内河货船，以及 20 世纪中后期出现的江海直达（货）船。其中，远洋货船和沿海货船按载运的货物种类和装卸方式可分为以下几类：①干货船。又分杂货船和散货船两类。杂货船以装载各种件杂货为主。新型杂货船多设计成对货种适应性强的多用途船。散货船专用于载运各种散装货物，又可分为运煤船、矿砂船、散粮船、运木船和散装水泥船等，带有自卸装置的散货船又称自卸船。②液货船。装载各种液态货物的船，主要有油船、液体化学品船、液化气船。此外，还有能兼装液货和干散货的兼用船。③集装箱船。以标准集装箱为货运单元的货船。航行于固定航线，利用港口专用设备进行快速装卸。④滚装船，又称开上开下船。船上设有活动跳板、升降机及其他设备，各种车辆和载货拖车能直接开上开下，适合于装运各种车辆、集装箱和大件货物。⑤载驳船，又称子母船。以载货驳船（子驳）作为货运单元的货船。这种船载运的货物，不用港口倒载，通过"子驳"可深入内河，实现江海直达运输。⑥冷藏船。专门装运易腐或需要保持特定温度鲜货的船。

内河运输船舶

内河货船按船型特征和运输方式可分为下列两大类：①无动力驳船以及与之配套使用的拖船、推船。它们分别组成拖带船队或顶推船队，用于江河的不同航段。②内河机动驳及机动驳顶推船组，内河机动驳是由驳船加动力装置演化而成的内河船，内河机动驳也可以为扩大载重量，其首部再顶推 1 艘或多艘驳船而构成内河机动驳顶推船组，具有机动灵活、造价低等特点。

◆ **影响和发展趋势**

运输船舶是一种建造复杂、投资相对较大、使用周期较长的水上运载工具，需要根据运输任务和航区（航线）条件，通过综合分析和优化，选择适合承载货物特征和航区条件，并且技术上先进、营运上经济合理的船型，以提高船舶的运输效率和经济效益。

各类运输船舶呈现出大型化、专业化、智能化、绿色环保节能的发展趋势。其中，旅游船以向豪华舒适化方向发展为主要特征，运载高附加值货物的货船则高速化趋势明显。

客　船

客船是载运旅客以及行李和邮件的运输船舶。广义上可将兼运一定数量货物、集装箱、车辆的运输船舶统称为客船。

《国际海上人命安全公约》规定，载客超过 12 人的船舶不论是否以载客为主，均应视为客船，并需按客船标准要求建造。

客船的基本特点是：上层建筑发达，大型客船的甲板层数可多达 8 层以上，内河客船多采用舷伸甲板，以扩大甲板面积，用于布置旅客舱室，提供必要的观光、散步、娱乐、健身场所；抗沉、防火、救生等安全方面的特殊要求严格；减摇、避震、隔声等方面的舒适性要求高；航速较快和功率储备较大；操纵性良好，续航力满足航线要求。客船绝大多数定期定线航行，这种客船又称班轮。远洋客船曾因多兼运载邮件，又被称为邮船。随着远程航空运输和其他

在汉江湖北襄阳城区段游弋的内河渡船
（2017 年 11 月 11 日）

运输方式的发展，大型远洋客船航线于 1977 年 10 月在世界上完全消失了；中国长江黄金航道的干线客运也于 2001 年前后纷纷退出客运市场，曾经具有辉煌成就的"江汉"系列客船和"汉申"系列客船在完成历史使命之后，先后被改装成滚装船、旅游船、集装箱船或拆解。从此，沿海和内河客船逐渐转向为海峡、陆岛、短程运输和旅游服务。旅游化、高速化和客/车渡船运输车辆滚装化是当代客运船型发展的总趋势。

按船型特征，可分为：纯客船（专供载运旅客及其随身携带的行李和小件物品）、客货船、旅游船、客/车渡船、客滚（箱）船及高速客船。

旅游船

旅游船是以载运游客旅游观光为目的，集游、乐、行、住、餐饮、购物和人际交往活动于一体的船舶统称。

旅游船由常规客船演化而来，从古至今在经历常规客船、客运与旅游兼用船等漫长的发展历程之后，从一个分支逐渐发展成为一种有别于常规客船的新船型。现代旅游船按航区划分有内河型、沿海型、远洋型（有区域性和环球性航线之分）等；按吨位大小划分从几吨到 20 万吨级以上都有；按船型特征划分有仿古型、现代型、豪华型及超级豪华型等多种。

除具有常规客船的基本特征外，安全性、舒适性和服务设施的完善性是对旅游船舶的基本要求，并应按相关规范建造和入级，在界定的航区运营。世界海上大型旅游船的发展历程大致是：20 世纪 70 年代以 800 定员为主流，80 年代达 1500 定员，一般为 2 万～4 万总吨，机舱位于船的中后部，航速每小时 20～24 海里，在风景秀丽的海域周游巡航或环球定线定期航行。进入 20 世纪 90 年代后，旅游船的大型化、舒适化、安全化、环保化、设施豪华化和服务多功能化趋势明显。

早在 1995 年，中国长江就出现了一艘豪华型旅游船"总统一号"，2008 年经改装后，船长 90 米，宽 16.8 米，吃水 2.8 米，高 17 米，吨位 4924 吨，航速 26 千米/小时，甲板层数 6 层，共有各类客房 94 间，载客 188 人，船员总数 130 人。2016 年，世界最大游轮是"海洋和谐"号（Harmony of the Seas），船长 362 米，船宽 66 米，吃水 9.3 米，设计航速 22 节，载客量达

"总统一号"游轮

"海洋和谐"号游轮

"海洋标志"号游轮

6360人，船员总数2115人，总吨位226963吨。全船共有16层旅客甲板，客房多达2700间。截至2024年，世界最大的游轮是"海洋标志"号（Icon of the Seas），总吨位达25.08万吨，是世界上首个吨位超过25万吨的邮轮。船长365米，拥有20层甲板，可容纳9950人。

旅游船既要满足旅游者出行的要求，也应使旅游者达到疗养、度假、文化娱乐、社会活动等目的。为此，一般均设有多种类别的高级客房、餐厅、体育健身房、美容厅、游泳池、观景台、高档娱乐厅、购物中心和多功能国际会议厅，以及卫星通信、电视接收与语音翻译系统等。旅游船吃水较浅，续航力较大，有防摇装置以使航行尽量平稳和舒适。

世界各国的旅游船，按其内部装饰、设施、设备及管理水平，均制定有明确的评定标准。一般大型豪华旅游船都在三星级宾馆标准以上，有的还超过五星级标准。中国国家旅游局要求旅游船应按照有关的国家标准（GB/T 19004.2）规定建立服务质量保证体系，具备适应本旅游船正常运行并行之有效的整套管理制度和服务作业标准。2015年，中国修订了《内河旅游船星级的划分与评定》（GB/T 15731—2015）国家标准，对星级的划分条件、服务质量和运营规范等做出了更为明确的规定。

客货船

客货船是以客货兼运为主要特征的各类船舶的统称。

在《国际海上人命安全公约》中规定，载客超过12人的船舶，不论是否以载客为主，均应视为客船，并需按客船标准要求建造。

19 世纪 40 年代发展起来的远洋客船，全是客货兼运的客货船。主甲板以上的上层建筑发达，用以布置各类舱室，满足旅客生活及船员工作的多种需求；主甲板以下，设有若干货舱、淡水舱、机舱、燃油舱及压载水舱等，供载货、满足旅客旅行需求、提供船舶动力及保障安全等用；机舱多位于船体中部或中后部，服务航速为每小时 18 ～ 20 海里或更高，续航力满足航线运营需要。后因客、货流量增加，逐渐分离出纯粹运输旅客的大型远洋客船。沿海客货船一般小于 6000 总吨，航速为每小时 14 ～ 18 海里，客舱等级较多，载货量较大。例如，历史上的"长征"号沿海客货船，船长 138 米，型宽 17.6 米，型深 8.4 米，吃水 6 米，5926 总吨；载货量 2000吨，载客量 856 人。该客货船航速每小时 17海里，续航力 3500 海里。内河客货船受航道

"长征"号沿海客货船

条件限制，吃水较浅，对操纵性和稳性要求高；为扩大载客面积，上层建筑多延及首尾并向舷外挑伸 1 米左右；客舱一般布置在舒适程度较高的区域，以沿各层甲板外侧布置为主，有多种等级，普通客舱多按横向分隔，两侧开门，分别与各层甲板外侧和中间过道相通，既通风良好又改善旅客活动条件；由于沿途停靠频繁，为便于旅客上下船及小批量件杂货和邮件的装卸，设有与沿线浮码头相配合的舷门，实现客货分流；

推进操纵装置多采用双桨双舵或三舵，航速一般为每小时 24～30 千米。

进入 20 世纪末期，各类常规客货船逐渐退出历史舞台，在实现客货分离运输的同时，呈现出向旅游船、高速客船、客滚船、客箱船和客 / 车渡船快速发展的趋势。其中，客滚船兼有客船和滚装船特点，除运送旅客外，在主甲板下还可载运轿车、汽车、专用卡车及集装箱等。客箱船则是伴随集装箱运输的发展而产生的一种新船型，一般指以吊装方式完成集装箱装卸作业的客箱兼运船舶，以滚装方式装卸集装箱的船舶，则纳入客滚船范畴。由于受多种因素影响，吊装方式的客箱船并未得到相应发展。

渡　船

渡船指往返于内河两岸、大型湖泊、海峡或岛屿间，专门担负短途渡运任务的船舶。

各类渡船均具有承载面积（舱容）大、稳性和操纵性能好等共同特点。旅客渡船专用于载运旅客和其随身携带的物品，货物渡船专用于运载货物，列车渡船专用于运载火车列车，汽车渡船专用于运载汽车。

渡船历史悠久，船型各异。由于受其他交通运输方式发展、人们出行目的变化和对舒适性要求提高等因素的影响，除特殊地区外，原有单一的渡船运输方式逐步退出市场。客 / 车渡船是 20 世纪 60 年代初发展起来的一种新型渡船，初期以运载旅客及其携带自备轿车为主，在港停留时间极短、效率高，在发达国家的中短程定期航线上已较为普遍地采用。客 / 车渡船多在 4000 总吨以下，可载客 700～1000 人，部分为卧舱、部分为娱乐散座舱。车客比（汽车数与旅客数之比）为 10% ~ 20%，航速每小时 13 ~ 25 海里。吃水较浅，船宽较大，设有防摇鳍和侧推装置。主机为中速柴油机，机舱各出入口置于舷侧，以利于上甲板下的车辆甲板（一层或二层）前后贯通。汽车多由首尾大开门（跳板）经过码头的活动桥上下船，无须调头。20 世纪 70 年代后，由于旅游业发展迅速，在欧洲、北美国际航线上出现了总吨位超过万吨、车客比达 33%、航速大于每小时 20 海里的大型客/车渡船。这种船在外形上进一步利用空间而愈加方整，船内设备更加豪华。高速双体船和深 V 形高速单体船在客/车渡船中已得到应用。客/车渡船在中国的渤海湾、琼州海峡、台湾海峡及江浙闽沿海地区亦得到快速发展。其中，连烟（旅顺—烟台）线和粤海（海安—海口）线上的新型列车渡船，将列车车厢/汽车/旅客三者统一于一体，成为共渡海峡（湾）的多用途滚装船（又称铁路联络船）。其特点是：首部如同常规海船，设有多层贯通式甲板和上层建筑，分层装载列车车厢、汽车和旅客。登离渡船时，人车分流，车辆一律从船尾部上下，旅客通过廊桥上下。"粤海铁 1 号"渡船总长 165.4 米，型宽 22.6 米，设计

"粤海铁 1 号"渡船

粤海铁路列车从海口南港码头下渡船

吃水 5.5 米,排水量 13400 吨,载重量 5600 吨,设计航速每小时 15 海里,装载货运列车车厢 40 节或旅客列车车厢 18 节,汽车 50 辆,旅客 1360 人。

货 船

货船指专运货物的船舶。包括载客 12 人以下的海船以及载运货物为主的河船。海船多按载运货物的种类和装卸方式分类,内河船则常按运输方式分类。

◆ 海船分类

干货船(dry-cargo ship)。专运干燥杂货(包括件杂货物、成组货物及箱装货物等)和散货的船。可分为杂货船和散货船两类。

液货船(liquid cargo ship)。专运油类、液化气体、液体化学品等散装液态货物的船。包括油船、液化气船、液体化学品船。

冷藏船(refrigerator ship)。使鱼、肉、水果、蔬菜等易腐食品处于冻结状态或某种低温条件下进行载运的专用运输船舶。

集装箱船(container ship)。以载运集装箱为主的运输船舶。除全集装箱船外,还有半集装箱船、多用途集装箱船、滚装船、载驳船、客箱船等。

滚装船(roll-on/roll-off ship)。把装有集装箱及其他件货的半挂车或装有货物的带轮的托盘作为货运单元,由牵引车或叉车通过与码头连接的跳板直接进出货舱实现滚动装卸的船。各种车辆可通过跳板自行进出货舱。

载驳船（barge carrier）。载运货驳的运输船舶，又称子母船（lash）。将货物或集装箱先装载在规格统一的驳船上，再把驳船装上载驳船，运抵目的港水域后，卸货驳于水中，由推船分送内河各地，载驳船再装上等候在锚地的满载货驳驶向新的目的港。

其他货船。主要有兼用船、运木船、重件运输船、半潜式船、极地运输船、压缩天然气运输船、乏燃料运输船。①兼用船（combined carrier）。可以装运石油，也可装运散货的运输船舶。主要有石油矿砂船（简称油矿船）、石油散货船（简称油散船）和石油散货矿砂船（简称油散矿船）等。②运木船（timber carrier）。专门载运木材（原木和成材）的货船。③重件运输船（heavy cargo carrier）。载运重件货物并能依靠自身设备装卸的运输船舶，又称重货船。④半潜式船

满载砂石的货船

满载集装箱的货船

（semi-submersible ship）。主船体呈鱼雷状潜入水下，通过支柱与露出于水面以上部分船体连接组合而构成的船。其水面上部分船体设计成轻型平台结构，用于载运货物或旅客。⑤极地运输船（polar ship）。在极地航线执行运输任务的特种船舶。能长年在 -50℃低温条件下正常运营，破冰能力达 1.5 米以上，操纵性好，并保持一定的稳定航速。⑥压缩天然气运输船（compressed natural gas carriers）。运送压缩天然气的货船。天然气经压缩后，体积可减至天然气标准体积的 1/200，在气态下运输。由于无须液化装置和再气化终端等昂贵的设施，投资费用明显降低，适于在中短途航线上使用。随着海上天然气的开发，是一种有应用前景的新船型。⑦乏燃料运输船（spent nuclear fuel carrier; spent fuel transport ship）。运送乏燃料的专用船舶。乏燃料属于一类放射性物品，需用特制的容器（货包）盛装。为确保运输安全，乏燃料运输船需采用加强的双层船体保护货舱，并建立完整的安全保障设施。日本和英国在海上已建立有相当规模的乏燃料运输船队。随着中国沿海核电站的建设与发展，乏燃料运输船有应用前景。

◆ **内河船分类**

内河货船受货源、航道诸多因素影响，船型种类繁杂，吨位差别大。按运输方式分为：①普通驳。一列式拖带船队，由一艘拖船拖带数艘或十余艘首尾通过缆绳呈一列式连接的普通驳组成。②分节驳。顶推船队，由一艘推船顶推数艘或数十艘整齐排列并通过连接装置构成整体的分节驳组成。③机动驳，又称简易货船。由于对货物适应性强，机动灵活，造价低，已成为内河货运的主要方式。④机动驳顶推船组。由一艘机动驳顶推一艘或数艘通过连接的驳船组成，因兼有机动驳和顶推船队的优势而得到应用。⑤江海直达船。为适应对外贸易发展需要、减少货物在河口港中转环节和航道条件改善而出现的一种新船型，分海船进江型和江船出海型两类。

干货船

干货船指专门运输固体干燥杂货（包括桶装、罐装等包装液货）和散货的船舶。与液货船相对应。

◆ 构造和用途

干货船装载干货的舱称为干货舱，与液货船装载液体货的液货舱相对应。对于装载粮食、易腐鲜货、肥料等货物的干货舱，在水上运输过程中需要通风或控制系统来调整舱内湿度和温度，供给新鲜空气，避免货物的腐败。干货的装卸不同于液货通过泵和管道运输，而是采用克令吊、吊杆、跳板、升降机等起重设备进行装卸。另外，干货需根据货物的性质、数量或卸货顺序等进行配积载、绑扎系固。干

2018 年 5 月 30 日，40 万吨级矿砂船"深圳号"从太仓港码头首航

货船相对于液货船风险小，特别是与载运有害液货的液货船相比，干货船风险更小。

◆ 类型

根据所装货物、船舶结构和船舶设备的不同，干货船可分为杂货船、干散货船、集装箱船、滚装船、冷藏船、木材船、载驳船、牲畜运输船、多用途船等。

液货船

液货船指载运散装液态货物的运输船舶。按照运载货物的不同，主要分为油船、液化气船和液体化学品船三类。

随着经济社会发展，又出现了许多流质或半流质的货物，如植物油、清洁剂、纸浆及其他类似产品，需要有专用船舶运输，市场的需求扩大了液货船的运输范围，从而出现了各具特色的专用或多用液货船。受货物批量限制，此类船舶数量较少，吨位较小。

液货船按照运载货物的不同，主要分为油船、液化气船和液体化学品船三类。

油船是载运散装原油和成品油的专用船。由于世界原油需求量大，不仅油船吨位大，而且船队规模亦大，是世界第一大船队。液化气船是载运液化天然气和液化石油气的专用船，随着需求量的增加，有大型化趋势，并出现了气态下运输的压缩天然气船。液体化学品船是运输各种液体化学品如醚、苯、醇、酸等的专用船。

液货船运载的货物种类多，运输规模和批量相差悬殊，且具有流动性、易燃、易爆、有毒等特性。因此，液货船的共同特点是：船型肥大、浅吃水；尾机型、单甲板；双壳体结构；货舱结构因液体货物种类和储运方式不同而差别巨大。油船舱内设有制荡舱壁及纵横隔板，以减小自由液面对船舶稳性和摇摆性能的影响；铺设有众多的管、泵系统，便于装卸作业；配备有完整的降温、探火、防火、灭火设施，以保障运输安全。液化气船的技术关键是液货舱的设计与制造，液化石油气与液化天然气虽有不同的理化性质和储运要求，但建立完整的封闭系统，并在规定的安全压力与温度下进行装卸与运输是共同的要求，防止可燃或有毒气体泄漏至关重要。液体化学品船载运的货种复杂，大多有剧毒、易燃、易挥发和腐蚀性强的特点。为确保运输安全，国际上将此种船舶按货种不同分为 3 类。第一类用于运输最危险的货物，船舶具有双层底和双重舷侧，并要求翼舱宽度不小于船宽的 1/5；第二类用于运输危险性较低的货物，也设有双层底和双重舷侧，但翼舱宽度可小一些；第三类用于运输危险性更低的货物，其构造与一般油船类似。对于腐蚀性强的酸类液货，货舱内壁和管系多采用不锈钢或敷以橡胶等耐腐蚀材料。货舱结构与运输安全息息相关。现正在营

海上浮式生产储油卸油船"斯塔德"号

运中的液体化学品船，按照货舱结构分为半袋舱式、袋舱式及罐舱式 3 种。当同时装运相互有化学反应的货物时，除货物围护要求分隔外，泵系、管系及通风系统亦须完全分隔，防止因混杂后引起各种不良后果。

大型化、专用化、设备现代化和多用途化是液货船的发展方向。

多用途船

多用途船指装运两类以上货物，并能方便、可靠、经济、高效地在多类货物装卸与运输中实现多种用途功能转换的船舶。

世界航运的发展，促进了各类专用船的出现和发展，如散货船、油船、集装箱船等，它们对提高运输效率和效益，以及服务质量，均发挥了积极作用。但是，对于货物品种多、变化大、货源流量和流向不稳定的不定期航线，各类大型专用船均难以适应和有效地发挥其运营能力。为此，运输市场急需要一种吨位相对较小、灵活快捷、功能多样的新船型，多用途船便应运而生。现代多用途船是20世纪60年代在原杂货船的基础上衍生而来，通过对船舶总体布置、结构和技术装备等方面一系列的创新性改进，逐渐形成了一种有别于传统杂货船的独立新船型。多用途船既可装载集装箱，也可装载散货、件杂货、重大件和木材等。从功能和结构上优于杂货船，从适应性和市场需求上又填补了大吨位专用船带来的运输市场缺口，满足了发展中国家和中小港口及小批量货物运输的需要。由中国倡导的"一带一路"建设正在不断的取得进展，这对多用途船的发展无疑是利好因素。根据多用途船的使用情况，远洋可发展2万～3.5万吨级、沿海可发展0.5万～1万吨级、江海直达可发展1500～5000吨级的船舶，并均有向更大吨级发展的趋势。

多用途船的基本特征是：长宽比相对较小（短胖）、船体肥大、浅吃水、尾机型、大舱口、双舷、双层底、双层（或多层）甲板船。其中，中间（下）甲板是承重且可拆装（或折叠）的活动甲板，为灵活装载各种货物提供方便；上甲板上的舱口盖板平直、可折叠且承载力大，可承载集装箱等重大件货物；舷边舱多作压载舱使用；配备有多台起重机，起重能力 10 ～ 40 吨，最大达 200 吨以上，可不依靠港口机械独立完成装卸作业。服务航速范围分布较宽，一般在 12 ～ 20 节，也有大于 20 节的，与其经常所载运的货物性质有关。

大型多用途船可设置双排货舱口，以便于货物分类存放，并可减轻船体结构和舱口盖的重量。重件运输船和多种滚装船可视为多用途船的独立分支船型。

中国内河集装箱船以载运集装箱为主，并可兼运杂货、散货及重大件货物，通过提高船舶的实载率而改善其营运经济性。即使是以载运杂货为主的内河杂货船，也往往在采取一些必要的技术措施后，可载运少量的集装箱，故内河集装箱船或内河杂货船大多为多用途船。

内河集装箱多用途船，从改善操纵性角度，多采用双机、双桨型；从便于集装箱和多种货物装卸角度，均采用单甲板、大开口货舱型；从提高快速性和综合节能角度，双尾、球尾、隧道尾及多种综合节能技术等得到了较为广泛地应用。一般船舶服务航速多为 10 ～ 16 千米 / 小时，也有高于 20 千米 / 小时以上者。在长江水系，船舶载重量多为 1000 ～ 5000 吨级，相应的载箱量为 54 ～ 400 标准箱；在珠江水系，船舶载重量多为 300 ～ 3000 吨级，相应的载箱量为 13 ～ 200 标准箱。

江海直达船一般为多用途船，可装载件杂货、集装箱、长大重件及干散货等。

沿海海船

沿海海船是航行于近海航区、沿海航区和遮蔽航区的海船。

在船舶登记证书、法定检验证书、适航证书、入级证书及船舶营运证等证书上标注有航区的划分。船舶设计和建造时考虑不同航区对船舶的构造和设施配备不同，沿海海船建造应相应满足船舶建造规范对近海航区或沿海航区或遮蔽航区的要求。在不同国家或地区沿海水域航行应满足该国家或地区的法规要求，包括安全监管、船舶废气排放标准、污水排放标准等。

截至 2016 年 12 月底，中国拥有沿海运输船舶 10513 艘，6739.15 万净载重吨，20.36 万客位，41.91 万标准集装箱（TEU）。其中 8 万吨级以下船舶占干散货船艘数和吨位的 80% 以上，载箱量 1000 ～ 6000 标准集装箱的船舶占集装箱船艘数和箱位的 80% ～ 90%，万吨级以上的油船艘数占

"中国海关 752"号监管艇

20% 左右，但载重吨位占 60% 以上。

沿海海船的种类主要有：承运沿海港口至港口之间的货物的干散货船、液体散货船、集装箱船、杂货船、客船、多用途船、滚装船、载驳船等运输船舶，挖泥船、打桩船、起重船、钻探船、浮船坞等工程船舶，打捞施救船、救助拖船、救生船等救助打捞船舶，科学调查船、引航船、消防船、供应船、海事船、海警船、海关艇及港作拖船等工作船舶，渔政船、近海渔船、渔业辅助船等渔业船舶，油气田开发船、生物资源开发船、海洋能源开发船、海水资源利用船、海上空间利用船等资源开发用船舶；海峡轮渡、沿海客船等客运船舶，游轮、游艇等旅游船舶。

远洋海船

远洋海船是航行于无限航区海域的船舶。无限航区海域指海上任何水域，远洋海船航区航线包括世界各国港口和国际通航运河。

早在 1405～1433 年，郑和带领被称为"宝船"的木帆船远洋海船船队，先后 7 次远航西太平洋和印度洋，到访 30 多个国家和地区。随着工业革命和科技进步，

2019 年 10 月 15 日，中国首艘自主建造的极地科考破冰船"雪龙 2"号驶离深圳蛇口邮轮母港

现在的远洋海船主要为钢制柴油发动机船舶。为减少环境污染和利用新能源，液化天然气动力船、生物混合燃料动力船、太阳能船、电动船、风帆助力船发展很快。

远洋海船设计建造和航行应满足船舶建造和入籍规范对无限航区的要求，并满足最新的国际公约的规定。联合国贸易和发展会议（UNCTAD）于 2017 年 10 月 25 日发布的《2017 年世界海运回顾》数据显示，截至 2017 年年初，全球商船船队总计 18.63 亿载重吨，其中油船 5.35 亿载重吨，散货船 7.97 亿载重吨，杂货船 0.75 亿载重吨，集装箱船 2.46 亿载重吨，其他类船舶 2.1 亿载重吨。

远洋海船有军用舰船和民用船舶。军用舰船主要分为战斗舰艇和辅助舰船。民用远洋海船种类主要有：干散货船、液体散货船、集装箱船、杂货船、多用途船、滚装船等运输船舶；科学调查船、破冰船、供应船等工作船舶；远洋渔船等渔业船舶；钻探船等工程船舶；油气田勘探船、海底采矿船、海水提铀船、生物资源开发船、海洋能源开发船等资源开发船舶；豪华邮轮等旅游船舶。

内河船

内河船是航行于江、河、湖泊、水库及其他内河通航水域的船舶。

◆ 管理规则

内河船舶建造、检验、安全监管和排放标准由各内河通航国家或流域管理机构制定相关法规和规范标准。如莱茵河航运中央委员会（Central

Commission for the Navigation of the Rhine; CCNR）制定了《莱茵河船舶检验条例》和《莱茵河航行规则》。

中国在内河船舶的建造、检验等方面制定了一系列法规和办法。中国船级社发布了《钢质内河船舶建造规范》《内河散装运输危险化学品船舶构造与设备规范》《内河散装运输液化气体船舶构造与设备规范》《内河高速船入级与建造规范》《内河绿色船舶规范》等内河船舶建造规范。中华人民共和国海事局发布了《内河船舶法定检验技术规则》，该规则适用于船长大于或等于 20 米的中国内河水域的中国籍船舶；船长大于等于 5 米但小于 20 米的中国内河水域的中国籍船舶应按照《内河小型船舶检验技术规则》执行；上述规则不适用于军船、渔船、木制船舶、柴油挂浆机船、帆船、运动竞赛艇、游艇。中华人民共和国海事局还发布了《内河散装运输危险化学品船舶法定检验技术规则》《内河散装运输液化气体船舶法定检验技术规则》《川江及三峡库区航行船舶检验补充规定》《京杭运河型船舶

内河航标船

检验补充规定》以及《河船法定营运检验技术规程》和《河船法定建造检验技术规程》。中华人民共和国渔业船舶检验局发布了《内河渔业船舶法定检验规程》。

◆ **航行水域**

中国内河船舶航行主要水域有长江水系、珠江水系、黑龙江水系、淮河水系、钱塘江水系、京杭大运河、闽江和库湖区等通航水域。截至 2016 年 12 月底，中国拥有内河运输船舶 14.72 万艘，13360.81 万净载重吨，77.44 万客位，29.72 万标准集装箱（TEU）。

◆ **建造种类**

中国内河船舶在设计和建造技术上不断创新发展，如船舶采用双艉船型、球鼻艏，优化了船舶线型，有效降低了船舶航行阻力；使用低转速、大直径螺旋桨，有效提高了船舶推进效率；新建油船、化学品船采用双底、双舷结构形式，降低了船舶因搁浅、触礁、碰撞等造成液货及燃油泄漏事故导致水体污染的风险；船舶安装油污水处理装置，减少了对环境的影响。

内河船舶有内河客船、内河货船、工程和港口作业船、渔船、农用船舶、游艇、趸船等。内河客船可分为旅客运输船舶、旅游客船、客渡船等；内河货船可分为干散货船、原油船、成品油船、沥青运输船、化学品船、液化天然气（LNG）船、集装箱船、商品汽车运输船、滚装船、杂货船、大件设备运输船、驳船等；工程和港口作业船主要有采砂作业船、挖泥船、疏浚船、测量船、海事工作船、引航船、航标船、布缆船、推拖船、加油加气船、垃圾回收船等。内河船舶主要是钢质船，还有少量的玻璃钢船、木船等。

江海直达船

江海直达船是符合内河和海上航行性能要求且用于河港和海港之间直达运输的船舶。

按照航区范围的不同，江海直达船可以分为江船出海型和海船进江型两类。俄罗斯以 2000 吨级系列干货船为代表，逐渐形成独立的新船型，最大吨位达 5000 吨。德国受莱茵河航道及船闸限制，船舶主尺度的限制条件是 L×B×d ＝ 130 米 ×11.4 米 ×3.4 米，以载重量为 2000 吨级的机动驳为主，吨位在 3200 吨以下，机动驳顶推船组和滚装船亦得到应用。为避免在河口港货物的中转换装作业，美国则多采用载驳货船组织江海联合运输。

中国是一个大陆和海洋特征兼备的国家，从 20 世纪 60 年代起，经过近半个世纪的探索，逐步形成适合中国不同江海水域条件和货源条件要求的多型江海直达船。尽管中国起步较晚，但发展迅速。1999 年，中国制定了《江海直达货船船型尺度系列》（GB/T 17872—1999）国家标准。2009 年，又进行了修订，为提高江海直达船技术水平，推进江海直达船向大型化、标准化方向发展提供了可靠的保障。2017 年 3 月，中国海事局、中国船级社发布实施《特定航线江海通航船舶建造规范》，2017 年 3 月 1 日交通运输部发布实施《特定航线江海通航船舶法定检验暂行规则》，为江海直达船舶的设计与建造提供了依据。

由于受内河航道水深限制，江海直达船吃水较浅，因此，解决海上适航性和内河操纵性是技术关键，经过不断的改进，其结构和性能正逐步完善。

江海直达船多采用尾机型布置方案，机舱和简易上层建筑均设在尾部（也有驾驶室设在首部的），货舱集中布置，有利于装卸作业。货物装卸主要采用吊装方式，一般不设船用起重设备。船体结构多为单甲板、双底双舷混合骨架式，横向舱壁构成若干大开口箱形货舱。对于较大型的江海直达多用途船，也可设两层纵通甲板，下甲板多为可拆卸的活动式甲板，并配备有一定起重能力的装卸设备，以便在无装卸设备的码头上进行装卸作业。为改善其内河操纵性，双机双桨在江海直达船上得到应用，航速范围为 7.7 ～ 14.5 节。为便于通过低净空跨河建筑物，驾驶室可采用升降形式。

常规江海直达船一般为多用途船，可装载件杂货、集装箱、长大重件及干散货等。进入 21 世纪后，各种江海直达专用船正得到快速发展，且大型化、环保节能化趋势明显。2018 年投入营运的"江海直达 1"号是中国第一艘按照 2017 年 3 月 1 日生效的《特定航线江海通航船舶建造规范》设计生产出的新型江海直达 2 万吨级散货船，总长 154 米，宽 24 米，型深 11.8 米，吃水 9.1 米，采用双壳、单甲板船体结构，尾

"江海直达 1"号

机型总体布置，单机、单桨动力推进装置。为顺利通过各种跨河建筑物的净空高度限制，设有活动桅杆。可由舟山港经长江口直达长江中游诸多港口，标志中国的江海直达船建造技术和江海联运体系建设进入了一个新的发展阶段。

第 2 章

作业船舶

航海实习船

航海实习船是供航海类专业或相关专业学生海上实习，培养海员的船舶。又称航海教学实习船。

◆ 命名

在英文表达中，此类船名前一般加前缀 T.S.，用以表明航海实习船，如：T.S. Yu Kun。另外，在军队有用来训练海军的航海实习船，如日本海上自卫队护卫舰 "Kashima"；在海警院校有训练海警的航海实习船，如公安海警学院的 "015" 舰；在渔业有用来渔业教学的航海实习船，如青岛海洋技师学院的 "鲁青渔教 16" 轮。

◆ 构造和用途

航海类专业具有很强实践性。在学生教育与培训期间，海上实习是重要的环节。因此，众多航海院校建造航海实习船，为航海类专业学生海上实习提供实践教育基地。例如，大连海事大学现有 "育鲲" 轮和 "育鹏" 轮；上海海事大学现有 "育明" 轮；集美大学现有 "育德" 轮；武汉理工大学现与航运公司共享 "长航幸海" 轮和 "长航福海" 轮。

航海实习船的特点包括：居住舱室、洗浴间和盥洗室等生活设施较多，用于学生住宿生活；为了学生在船上可以更好地学习航海知识，一般设有教室、图书室、水手工艺室等，并有配套的学生餐厅、健身房；相对于传统的货船，船员数量多，因为学生海上实习需要安排专业指导教师进行教学和生活管理。旧的航海实习船，可作为船舶博物馆、上课的教室等用途。

◆ **类型**

根据航海实习船的用途不同，可分为专用航海实习船和载货航海实习船。其中，专用航海实习船是指专门为学生提供海上实习，不承担货物运输任务的船舶，如大连海事大学"育鲲"轮。载货航海实习船是同时兼顾学生海上实习和货物运输的船舶，如上海海事大学"育明"轮，集美大学"育德"轮。根据航海实习船的动力装置不同，可

"育鲲"轮

"育明"轮

分为机动船、帆船和机帆船等，如俄罗斯远东国立技术水产大学的机帆船"帕拉达（Pallada）"号。

由于船舶造价昂贵，航海院校负担不起投资构建，航海实习船一般是由政府，政府与学校，或政府、学校与航运企业共同构建，也有的由退役的军舰改造而成。例如，美国加州海运学院（California Maritime Academy）的航海实习船"金熊（Golden Bear）"号，前身是美国的军舰"莫里（Maury）"号。另外，航海实习船的运行费（包括燃油费、伙食费等）、修船费、船员工资等船舶维持费高，一般是由政府、学校和企业共同承担，载货航海实习船可以通过货物运输的盈利填补船舶维持费。

拖　船

拖船是用于拖带其他船只或浮体的船舶。又称拖轮。

拖船主尺度相对较小，船体结构较强，机舱内设有大功率的主机，有强大的牵引力、良好的操纵性和动稳性。上层建筑设在船的首部，中后部甲板上安装有专门的拖曳设备。

早期的拖船用蒸汽机驱动舷侧明轮推进。1801 年，英国人 W. 赛明顿（W.Symington）建造了第一艘蒸汽机拖船"夏洛特·邓达斯"号，船长 17 米，主机功率为 7.35 千瓦。1837 年，拖船"奥格登"号首次采用螺旋桨，航行于泰晤士河上。此后德国人 L. 柯特发明了圆筒形机翼断面的导管（又称导流管）。拖船采用导管螺旋桨，可提高拖力 25%。

现代拖船都用柴油机驱动。

拖船按用途分有运输拖船、港作拖船和救助拖船；按航区分有远洋拖船、沿海拖船和内河拖船。大型拖船的主机功率可达 1.4 万千瓦以上，排水量超过 5000 吨，可用于拖带巨型船舶及其他大型水上构筑物，如海上平台和浮船坞等。内河拖船多为双机双桨，主机功率为数十千瓦至数千千瓦不等。提高拖船的牵引力是关键，为保障拖带作业安全，拖船均具有较大的功率储备。内河拖船吃水尽可能接近航道水深，安装螺旋桨的船底处常呈隧道形，使螺旋桨直径大于船舶吃水，以充分发挥主机功率，提高推进效率。航道水深如果不足 0.6 米，宜于采用串列螺旋桨或改用喷水推进。拖曳设备一般是拖钩。由一艘拖船拖带十余艘或更多驳船的一列式拖带运输方式在中国京杭运河等水域仍得到应用。

拖船

拖船有拖带航行和自由航行等多种作业工况，除完成拖带驳船运输任务外，常兼负有港作拖船和救助拖船之使命。一般，拖船在海上作业时条件十分复杂，单航次时间长，往往需要跨越不同航区。为此，拖船需要有坚固的船体结构、持久的续航力、适宜的运营航速和良好的操纵性能；推进装置（机桨配合）设计、机舱自动化和节能减排措施是衡量拖船建造水平与运营能力的重要指标；为配置拖曳设备，尾部甲板作业面积应宽大、平整，拖钩位置应靠近船舶的回转中心，以减少横拖和横向突发急牵力所产生的倾侧力矩；为保证拖船在各种工况下均具有良好的稳性、正常的浮态、充足的燃油及淡水供应，需要设置容量较大的压载水舱、燃油舱和淡水舱。大型拖船需设置污水舱及处理装置。由于拖船主尺度一般较小，主机功率较大，故减振措施极为重要，船体结构多采用横骨架式，并需对机舱内的结构进行局部加强。

驳 船

驳船指需要拖船或顶船拖带或者可以单独航行，也可以组队航行的货船。

◆ 历史沿革

中国古代的对槽船（又称两节船）可以看作是现代半分节驳船组的雏形。它由两节相同长度的船组成，前节船首端斜削，尾端呈方箱形，后节船首端为方箱形，尾端斜削，前节方箱形尾与后节方箱形首用缆绳连接。舵设在后节船上。现代分节驳上一般不设舵，中国、俄罗斯和西欧一些国家的分节驳上设锚。

中国现代分节驳船队的研制工作，起步于 20 世纪 50 年代中期，至 1974 年才开始大规模地进行分节驳顶推运输方式的研究与组织工作。经过试探性运输、成套技术试验研究、工业性试验和推广应用等阶段，取得了突破性成功。内河分节驳顶推船队在长江干线及其主要支流、苏北运河及黑龙江水系均已得到广泛的应用。长江水系分节驳船型尺度系列中国国家标准（GB/T 2884.1—1996 和 GB/T 2884.12—1996），载重量一般为 1000 吨、2000 吨，最大为 5000 吨；其他水系亦有相应标准。2009 年，中国新发布国家标准《长江中下游水系分节驳船型　第 1 部分：干流分节驳船型尺度系列》（GB/T 2884.1—2009）和《长江中下游水系分节驳船型　第 2 部分：干支直达和水运网分节驳船型尺度系列》（GB/T 2884.2—2009）， 代 替 GB/T 2884.1—1996 和 GB/T 2884.12—1996 标准。

分节驳顶推船队是由分节驳、推船通过连接装置而构成的一个运输整体，对分节驳顶推船队的基本要求是：驳船应具有互换性；连接装置应结构简单、工作可靠及便于编解队形；推船推进效率高，正倒车推力大，操纵性好；具有对多种货物的适应性，并便于装卸。为了实现上述要求，世界和中国的分节驳、推船及其连接装置，均已实现标准化、系列化。

对于吨级相同的普通驳，可采用与分节驳相同（或相近）的平面尺度，必要时可进行混合编队运输。

从 20 世纪 50 年代后期，欧洲国家开始引进美国分节驳顶推船队技术建设船队，但经过实践后很快就发现，完全照搬是不行的，还需根据本国的货运条件和航道特点发展自己的船队运输方式。

从欧洲内河航道特征分析，有相当大的一部分是由运河组成，航道狭窄，限制了大型顶推船队的发展。此外，与货源条件和经营方式也有一定关系。例如，德国的顶推船队主要用于莱茵河专线运输，船队运量仅占德国内河航道货运总量的 19.2%。原西德通过大量的船队试验研究，在船型、推进与操纵性能等方面做了许多重要而有价值的工作，终于逐步形成了具有自己特色的机动驳和机动驳顶推船组运输方式。欧洲经济委员会还根据内河航道等级拟定了相应的标准船舶尺度、载重量和顶推机动驳船组的编队方式及长度要求等。各种吨级的机动驳均具有高长宽比特点，其比值范围为 L/B = 7.567 ～ 9.649。

　　一般说来，机动驳具有灵活机动的特点，适于集装箱、件杂货、易腐货物运输。它没有拖带运输中各驳船间互相等待装卸问题，过闸容易，运输周转快，运输效率高，便于中途装卸货物，适合于在货源不固定的多变航线上营运。这些特点正符合当今市场竞争与经济发展时期客户对运输时效性、高服务质量的要求。在欧洲一般都是夫妻再雇佣一名水手进行运输。机动驳载量有逐年增大的趋向，大的机动驳载量达到 3000 吨以上，但最常见的还是欧洲型机动驳，其长 85 米，宽 9.5 米，吃水由 2.6 米加大到 2.7 米，载重量达到 1600 ～ 1700 吨，主机功率 588 ～ 882 千瓦，船员人数不变，经济效益进一步提高。进入 21 世纪以来，随着货源和经营方式的变化，中国的机动驳亦发展迅速，已成为内河乃至沿海和海洋运输的一种新船型。

◆ 分类

　　驳船分为非机动驳船和机动驳船两大类。其中，没有动力推进装置，靠机动船带动的驳船称为非机动驳船；自身有动力装置的驳船称为机动驳船。非机动驳船可以单只或多只乃至数十只编列成队由拖船拖带（绑拖）或由推船顶推航行。机动驳船可以单独航行，也可以与一艘或多艘非机动驳船组成顶推船组共同航行。

驳船最初专指非机动驳船。随着世界经济社会发展、内河航运市场需求和内河运输船舶的技术进步，20世纪中叶演变出现了有动力装置的内河机动驳船（self-propelled river barge），简称机动驳，以及由一艘机动驳顶推一艘或数艘非机动驳船构成的内河机动驳顶推船组（river self-propelled pusher barges）。至此，原有驳船仅为非机动船的概念已发生了质的变化。

非机动驳船

非机动驳船按船型特征分为普通驳（Ordinary barge）与分节驳（integrated barge）两类。

普通驳的基本特征是：首尾两端削斜呈多种流线（如雪橇形、杓形等）型式，备有锚和舵。普通驳的种类很多。按用途分有载运旅客的客驳和载运货物的货驳，主要是货驳。货驳又可分为干货驳、矿砂驳、运煤驳、液货（油）驳等。货驳一般不设起重设备，靠码头上的装卸机械装卸货物。货驳也可在港口用于货物的中转（水上过驳）作业。按货驳结构分，有设有几个货舱口的舱口驳；只设一个货舱、货舱上方全敞开的敞舱驳（又称槽型驳）；不设货舱、在甲板上堆装货物、甲板承载区四周设有挡货围板的甲板驳；将敞舱驳货物承载面升至舷侧半高、甲板开口四周辅以较低舱口围板的

运煤驳船

半舱驳；甲板密闭并设有各种管道、舱内以装运油品、液化气体等液体货物的液货驳等。按材料分，有钢驳、木驳、水泥驳等。中国长江下游水网货驳船型系列交通行业标准（JT/T 4541.1—92 和 JT/T 4541.7—92）。2001 年，经对原标准主尺度进行适当修正并增加部分主尺度系列后，将其并入《内河货运船舶船型主尺度系列驳船》（JT/T 447.3—2001）。

分节驳的基本特征是：一端或两端呈箱形、专用于编队成组后进行运输的驳船。为适应编队需要，分节驳分为全分节驳和半分节驳两类。全分节驳两端呈箱形，半分节驳

分节驳船队

一端斜削、另一端呈箱形。由半分节驳＋全分节驳＋半分节驳组成的船组称为全分节驳船组；由两个半分节驳首尾相连组成的分节驳船组称为半分节驳船组。以此为单元继续拼接便构成分节驳船队。分节驳结构简单，施工方便，造价低，通过连接装置拼接方便，可降低航行阻力，提高载货量，因此得到广泛应用。

机动驳船

机动驳顶推船组是当代发展起来的又一种新的运输方式。顶推机动驳既可以自己单独载货航行，又可以顶推驳船运输，因而它与分节驳顶推船队相比，有其较为灵活的一面，与机动驳相比虽然航速降低了一些，

但单位功率载量却有明显的增加，因此，经济效益可大幅度提高，并可以适应多种货源及航道条件运输的需要。中国的机动驳及机动驳顶推船组运输，为适应市场需要，已从珠江三角洲、长江三角洲及川江地区，向各主要水系更大的范围延伸与扩展。2007年，长江中下游第一组万吨级机动驳顶推船组，即5000吨级机动驳顶推一艘5000吨级驳船，在江阴市满载试航成功，标志着中国在新船型、新队形开发方面取得突破。

内河机动驳一般均为尾机型、单甲板、横骨架式船，单机单桨和双机双桨两种船型并存。在船型尺度上与欧洲机动驳船最大的区别是长宽比较小、宽度吃水比较大，航速较低；对于运输散杂货的机动驳，在结构上有甲板型与槽型之分；机动油驳和简易自卸式机动驳亦得到应用。各航区，由于货源、航道条件等存在较大差异，致使船型在尺度、线型及结构上均存在一定差异，具有区域性特点；船体结构与设施设备已由简单、简陋，向船型多样化、装备现代化发展；船型向大吨位发展趋势明显，从内河走向海洋。

自20世纪80年代以来，中国对内河机动驳船的技术更新改造工作逐步加强，取得了一系列成果。研制的各种新船型和船舶新技术，以及简统选优船型、行业或地区编制的标准系列船型等，在内河机动驳中得到一定程度的推广应用。

①建立了机动驳船系列标准。为推动中国内河船型标准化、系列化工作，交通运输部和各有关省市区分别制定了一系列的船型标准。其中，关于机动驳和机动驳顶推船组的标准有：交通行业标准《长江水系机动驳船系列》（JT/T 350—1995）；《黑龙江水系自航驳船尺度系列》（JT/

T 4701—1993）；《珠江水系自航驳顶推船队尺度系列》（JT/T 4539—1990）等。经过对上述诸标准主尺度进行综合分析、考虑航道条件的改善、适宜修正并增加部分主尺度系列后，将其并入 2001 年发布的《内河货运船舶船型主尺度系列普通货船》（JT/T 447.1—2001）之中。

②提出了一系列的简统选优船型。在多次内河船型简统选优中，共推荐各类机动驳（含顶推船组）42 艘，从船型线型角度分析，有采用纵流线型、隧道尾型、双尾尾型、不对称双尾鳍尾型、蜗尾尾型、球尾尾型等多种节能线型；大径深比推进操纵技术由推拖船向机动驳进行技术移植取得成功，并初步得到推广应用；双减速比技术的应用，亦收到了良好的技术经济效果等。

③各种可弯曲联结装置在机动驳顶推船组中得到初步应用，取得了一定的技术成效。出现的可弯曲联结装置主要有主动式与被动式两大类。其中，浙江顶推船组可弯曲联结装置的主要特点是：整套可弯曲联结装置由刚性与挠性两部分组成，在航行的绝大部分时间，挠性机构不受力，可延长使用寿命；刚性联结机构属定型机构，工作可靠。

◆　**发展趋势**

机动驳和机动驳顶推船组的发展方向是研制结构简单、运输效率高、价格便宜的简易型机动驳，逐步替代现有的挂桨机船，以促进民间运输船型跃上一个新的台阶。大型化是机动驳和机动驳顶推船组提高运输效率和效益的重要途径，在航道和货物批量允许的条件下，以采用较大吨位的机动驳为优。机动驳的航速与航线运距、货物类型密切相关，对运输高价值货物的机动驳，应采用较高的营运航速。为了满足多种货物运输的需要，机动驳和机动驳顶推船组应为多用途型。机动驳和机动驳顶推船组需求量大，应逐步实现标准化、系列化。为扩大运输范围，机动驳应实现干支直达，对有条件的大吨位机动驳，应实现江海直达，驶向海洋。万吨级远洋机动驳船，在大件设备运输中已发挥重要作用，并出现了由一艘推船顶推一艘大型驳船（ATB）的新型运输方式，航行于江海航线。

推　船

推船是专门用于顶推驳船和驳船队（含分节驳）的机动船。又称推轮。一艘推船可和若干艘整齐排列的驳船组成顶推船队，进行顶推运输。

推船是由拖船发展而来的，船体结构多为横骨架式，为提供足够的牵引力，要求配备相对较大功率的主机。船首设有顶推架和连接装置。一般驾驶台（室）较高，为了能安全通过桥梁等跨河建筑物，可做成升降式。兼作拖船的推船，中后部甲板上设有拖曳设备。

推船按航区分为内河推船和海洋推船。美国于1854年建造的"新月城"号是最早的内河推船。美国于1902年建造的"斯普罗格"号推船，用蒸汽机驱动尾明轮推进，是当时最大的推船，曾顶推过总载重量达7万吨的驳船队。20世纪40年代初，美国经过船模试验，优选出与标准分节驳配套的内河推船船型，大圆弧首，深隧道尾，装有导管螺旋桨、正车舵和倒车舵，并实现标准化。中国20世纪50年代开始发展分节驳顶推运输，在长江干线上已形成883～4410千瓦推船系列。内河推船采用大径深比推进操纵技术（即利用理论推进器原理，采用大直径、低转速螺旋桨及与船尾线型相配合的正、倒车舵组合体技术），可提高推进效率、改善船队操纵性，获得良好技术经济效益。推船首部装有顶推架和联结装置。联结装置有刚性（无缆系结）和柔性（短缆系结）两类，经实船试验比较，中国内河顶推船队以短缆系结方式为主。

推船是分节驳船队的动力源。推船的主尺度和主机功率的选择，与分节驳船的主尺度、船队编队形式及规模直接有关，只有采用最佳配合，才能达到最佳效益。此外，航区航道和水文气象条件对推船主尺度的影响，亦不可忽略。

按船队吨位大小选配适当功率的推船，是内河分节驳顶推船队运输组织的重要任务之一。一般，船队长度与推船的操纵性能有很密切的关系，而推船的操纵性能又与主机功率直接有关，因此，可用下列经验公式确定船队应选配的推船功率：

$$L=0.0088P_B=156$$

式中 L 为船队长度，单位为米；P_B 为推船主机额定功率，单位为千瓦。

推船平面尺度应与驳队有良好的配合，具有短宽特点，吃水应与驳船队相协调，不可过大或过小，线型以纵流型为宜，使推船工作时始终处于驳船队的有利伴流之中，螺旋桨盘面处来流顺畅、伴流均匀，可有效地提高推船推进性能，并改善船队的操纵性能。对于浅水航区的推船，可设计成深隧道尾型，通过采用大直径、低转速螺旋桨（特别是导管螺旋桨）提高推进效率。为了改善船队靠离码头和倒航时的操纵性能，倒车舵得到了较普遍的应用。

在长江干线新型推船开发中，通过模型试验调配减速比与船型关系的方法，采用了大圆弧改良雪橇形首、圆舭、直侧壁、折角闭式浅隧道纵流线型，使新研制的 1940 千瓦推船取得突破性进展，该成果还应用于长江 883 千瓦、2940 千瓦等推船。长江 1940 千瓦推船的主要船型要素：

长江 1940 千瓦推船

船长 45.2 米，型宽 13.0 米，型深 4.4 米，吃水 3.0 米，正车系柱推力 398.3 千牛，单位功率推载量 9.28 吨 / 千瓦。它与分节驳船配合，可组成 9×2000 吨 +1940 千瓦顶推船队，船队总长 248 米，总宽 32.4 米，船队航速 13.1 千米 / 小时。

在其他内河推船开发中，根据对提高推船推进效率的机理分析，顶推船

长江顶推船队

的性能是否优良，关键在于船体水下尾部线型与导管螺旋桨及正、倒车舵协调配合设计的完美程度。基于上述基本原理，在内河浅吃水大径深比推船系列模型试验研究中，重点探讨径深比 D/T、尾隧道参数 θ 等对推船及其所构成船队的阻力、推进及操纵性能的影响，建立适合中国内河顶推船队特点的装置技术、数据和图谱，为新型高效节能顶推船型开发与设计提供理论依据和实用船舶技术。

港务船舶

港务船舶是专门从事港务工作的船舶,是保证港口正常运作的各类港务船舶的总称。又称港内作业船舶。

◆ 港作拖船

港作拖船是拖船的一种,是最重要的港务船舶。主要用于帮助大船进出港口、靠离码头、移泊和执行各种拖带任务,必要时也可运送少量物资和人员。对拖船总体布置和结构进行部分调整与加强,增加一些相应的必要设备后,亦可兼作破冰船、供应船、救助船和消防船等使用。港作拖船作业工况复杂多变,要求有较大的拖力、良好的稳性和操纵性。强大的牵引力是依靠大功率主机和优良的推进装置(含螺旋桨),保证拖船在各种工况下均能实现有效的机桨配合。除采用固定螺旋桨外,可调距螺旋桨能充分吸收主机功率,

2011 年 12 月 31 日,港作拖船牵引中远"太仓"号集装箱轮驶离青岛港

提高螺旋桨推进效率。拖船主机一般采用中、低速柴油机,小功率主机可选用高速柴油机,功率从 100 千瓦至 4000 千瓦或更大。为改善拖船的操纵性,全回转的导管螺旋桨 Z 形推进装置得到应用,可实现拖船 360° 原地回转,提高了拖船的工作效率和服务质量。国际某些海港有

采用直翼式旋转推进装置的港作拖船,该装置设于拖船中部的船体下方,虽然有操纵灵活和效率较高的优点,但由于拖船吃水较深,推进装置的保养及受损后维修均较困难,故未能得到大范围的应用。

◆ **供油、供水船**

供油、供水船是给停靠港口的船舶分别供应燃油和淡水的小型液货船、油驳或水驳。一般港口用的小型供油船和供水船多采用双机双桨单甲板船。船舶吨位虽较小,但各种油类、淡水供应齐全,舱室及管路划分明细,并备有输油泵、输水泵和计量装置。

◆ **引航船**

引航船是由引航站派驻港口水域执行船舶引航任务的专用船舶。有供引航员生活和办公用的设施,并装有特殊的灯光信号。专用于接送引航员的交通船,有时也叫引航船。

◆ **趸船**

趸船是系泊在港口的固定地点,供船舶停靠、上下旅客、装卸货物等作浮动码头用的无动力平底船,依靠抛锚固定,并可随水位变化移动船位。甲板上设有候船室或仓库等上层建筑。船岸之间用活动栈桥或跳板相连。在内河,钢质趸船和水泥质趸船均有应用。

◆ **起重船**

起重船又称浮吊。在港口作为港务船时,主要用于大件货物的装卸。船上有起重设备,吊臂有固定式和旋转式的,全回转浮吊亦有所应用。起重量一般从数百吨至数千吨。起重船一般不能自航,也可用作工程船。

◆ **消防船**

消防船是承担船舶和港口岸边消防任务的船。有强大的水泵、高压喷水枪和灭火剂等消防器材，并配有救护人员和医疗设备。消防船航速较高，并有良好的耐波性。某些消防船还

2014 年 9 月 5 日，"骁龙 119"号消防船在厦门海沧通达码头附近海域进行射水演练

具备辅助拖带、顶推功能，用于对被救助船进行拖带救助。

◆ **巡逻船**

巡逻船是监督执行水上法令、维持水上交通秩序的专用船。巡逻船航速较高，有良好的稳性和耐波性，在恶劣的天气条件下也能工作。为便于执法，船上有明显的识别标志，并装有扩音器和通信设备等。

◆ **浮油回收船**

浮油回收船是回收水面浮油的专用船。主要有两种：一种是利用某些亲油疏水材料回收浮油，再用机械方法将油分离出来；另一种是利用油、水的比重不同回收浮油，船上装有固定的或能转动的倾斜板，将水面的油层导入船内再加以分离。为布置回收设备，船体常设计成双体型。这种船只能在比较平静的水面从事浮油回收作业。2016 年，烟台港第一艘多功能浮油回收船投入使用。海面污油回收能力 150 米³/小时，能够满足 30 万吨及以上油品码头溢油应急设备配备要求，可在海上发生

重大船舶溢油事件时，执行溢油回收储存和清除海面块状浮油、垃圾及喷洒消油剂等任务，并能够有效地进行现场指挥、调度、监护及应急处理工作。

此外，港务船舶尚有执行水上过驳作业的平台和驳船、垃圾回收船等。有些海上垃圾回收船亦可完成浮油回收工作。

救助船舶

救助船舶是专用于对发生碰撞、触礁、搁浅、火灾及恶劣海况下翻沉等灾难事故的船舶和人员进行施救与打捞作业的工作船舶。

海上救助包括人命救助和财产救助。遇险船舶如果没有沉没，进行的施救属于船舶救助。救助打捞是国家应急保障体系的重要组成部分，救助船舶是执行水上应急救助任务的技术装备和工作平台。救助船舶的基本任务是对遇险（难）船舶和人员实施人命救助、船舶救助、环境救助、沉船沉物打捞及其他水上安全保障等。按功能一般分为3类，即打捞施救船、救助拖船和救生船。多功能兼备并实施联合（含立体）搜寻与施救是现代救助船舶的重要特征和救助方式。浮吊在联合施救中有重要作用。

◆ 打捞施救船

打捞施救船是对沉没船舶进行打捞、对搁浅遇险船舶实施拖曳脱险作业的专用工作船，设有供水下和拖曳作业用的设备。主要包括起重机、绞车、空气压缩机等机械及潜水、电焊、切割、堵漏、排水、起浮等打捞设备。具有较高航速，能在恶劣海况下赶赴现场并实施作业。打捞施救船是防险救助船舶中的一个主要船型，是打捞工程的工作母船，也是整个打捞工程的指挥中心。打捞施救船需与驳船、拖船和浮筒等一起配合进行打捞作业，各类专业救助人员，均经过严格训练，并配备专业的设备、工具及服装。水下机器人在打捞救助中将发挥重要作用。打捞施救船的吨位大小不等，小的几百吨，大的几千吨；长度在几十米到 100 多米；打捞深度在 100 米到 500 多米，甚至更深。打捞施救船上还装备有锚泊定位系统，只有准确定位才能完成深海打捞和救援任务。按照救援水域的不同分为内河打捞施救船和海洋打捞施救船，它们在吨位大小和装备能力上有较大差异。打捞施救船的基本结构与性能特点是：①船舶的

上海打捞局派遣的打捞船正在打捞"世越"号沉船

宽度吃水比相对较大，抗风浪干扰能力强，便于准确定位。②有宽敞的甲板面积和较高的干舷，便于布置吊杆、绞车及大型起吊设备。③服务航速高，耐波性良好，可以快速驶往打捞作业水域，尽快投入打捞作业。④货舱容积大，用于储藏各类打捞装备。此外，有的打捞施救船还安装有稳定船舶自身位置、平衡海流并锁定速度的动力定位系统、装备等。

2014 年 4 月 16 日，韩国"世越"号渡轮在全罗南道珍岛郡附近水域沉没，

295 人遇难。2015 年 7 月，中国上海打捞局派遣打捞船队赴韩国，成功地打捞出"世越"号沉船。

◆ 救助拖船

救助拖船是供拖救搁浅、触礁和失去机动能力船只并兼负拖曳和打捞浮筒等水上救助任务的专用拖船。按作业区域，分为沿岸救助拖船、近海救助拖船和远洋救助拖船。满载排水量数百吨至数千吨，主机总功率由数百千瓦至 1.5 万千瓦及以上，最大航速 15 ～ 20 节。单位功率的拖带能力为 1 ～ 2 吨 / 千瓦。船型特点是：长宽比较小，抗风力强，有良好的稳性和耐波性，能在恶劣的海况下进行拖救作业；主机功率大，能兼顾自航速度快和拖力大的要求；设有可调距螺旋桨和侧推装置，有良好的操纵性，舵面积较大，低速拖带时舵效应灵敏；船体结构坚固，设有较强的护舷材和防撞设备，能适应拖救过程中不可避免的挤压和碰撞，具有任意一舱破损进水后的抗沉性。船上除装有自动拖缆机、弹簧拖钩等一般拖船设备外，尚备有潜水、救生、排水、消防、堵漏、吊装等设备。2011 年，中国两艘大功率应急抢险拖轮正式列编烟台打捞局。拖轮长 60 余米，总吨位近 2600 吨，对提高海域的打捞作业和应急抢险能力发挥重要作用，并可为海上石油平台提供多种物资和材料的运输，以及完成海上石油平台和

应急抢险救助拖轮

大型船舶的拖带守护作业等。

◆ **救助救生船**

救助救生船是专门担负海上防险救生任务的救生船。主要装备有搜寻装备、潜水钟、救生钟、加压舱和潜水、供气、排水、消防及一定的医疗设备。大型救生船还配备有直升机和深潜救生艇。要求航速高、耐波性好，能在恶劣海况下赶赴现场进行救生作业。为提高海上救援能力，中国建造了一批大型海洋救助救生船，均系多功能救助船。除主要用于海上遇难船舶的人命救生，执行船舶救助及拖带、消防灭火等救助作业外，还能对遇险船舶进行封舱、堵漏、排水、潜水等救助和夜间搜寻救助作业。批量建造的14000千瓦海洋救助船是中国救助系统推进功率最大的高性能救助救生船。该型船的船长109.7米，型宽16.2米，型深7.6米，设计吃水5.5米，满载吃水6米，满载排水量6200吨，双机双调距桨双襟翼舵，主机功率2×7000千瓦，最大航速22节，常用救助航速20.8节，续航力10000海里，系柱拖力140吨，钢质全焊接船体，该船设有减摇鳍一对和一套可控被动式减摇水舱，

海洋救助船

"东海救204"号穿浪双体型近海救助船

保证船舶在 9 级海况、12 级风力条件下安全航行，并实施有效的施救作业。船上装备有 2 台首侧推器，一台尾侧推器，具备动力定位功能和原地回转能力。同时还具备二级对外消防能力和夜间搜寻救助能力，一次能够搭载获救人员 200 人，可对获救伤病员施行海上急救手术治疗。船体首部设有直升机起降平台，可施行立体搜救任务。中国还建造了一批近海快速救助船。采用穿浪型高速双体船型，全铝合金船体，双机、双喷水泵推进，甲板面积大，具有良好的适航性、快速性和操纵性。如"东海救 201"号救助船，船长 49.90 米，船宽 13.10 米，主机功率 2×2240 千瓦，试航速度大于 32 节，满载续航能力为 500 海里，可在 5 级海况下实施人命救助，6 级海况下安全航行。该船设有专用救援舱，最多可容纳安置获救人员 200 人。配有完善的监测报警系统，适合夜间航行或搜索坠海人员。可将救助现场的音频、视频信号传输回岸上和网上，实现远程救助指挥。该船还配备了 2 艘专业高速救助艇及 2 台液压吊机，两舷设有离水面较近的下沉救生平台，艉部还设置了防撞救助平台，可进行直升机悬停吊装作业，实现点、面和空间立体相结合的救援模式。2015 年底，中国第十艘同型近海快速救助船"东海救 204"投入使用后，由于具有良好的快速性、稳定性和操纵性，在多次海上救援中发挥了重要作用。

工程船舶

工程船舶是专门从事水上、水下各种施工作业的船舶的统称。简称工程船。工程船舶主要包括挖泥船、打桩船、起重船、钻探船、炸礁船、碎石船、抛石船、混凝土搅拌船、布缆船、测量船、电焊船等。工程船装备有成套的专用机械和设备，以完成特定的工作任务。

◆ **挖泥船**

挖泥船专用于挖掘水底泥土、沙和砂石的工程船。可用于疏浚航道、湖泊和开挖港池，以及挖泥造地、修筑堤坝等。按挖泥方式的不同有吸扬式、抓斗式、铲斗式和链斗式等多种类型，以适应不同水域和土质的要求。

①吸扬式挖泥船。在使水底泥沙形成泥浆的同时，利用泥泵通过排泥管将泥浆扬到泥舱或排泥地点的挖泥船。按吸泥方式和设备的不同又可分为下列 3 种。

静吸式挖泥船。利用吸泥头吸取泥浆，通过排泥管将挖吸出来的泥浆排至泊于其舷侧的泥驳。船体呈箱形，设有泥泵、吸泥管、吸泥头和排泥管等设备。使用范围小，只适用于挖吸泥沙和无黏性土。

绞吸式挖泥船。利用吸泥口处能旋转的绞刀进行松土后形成泥浆，再用离心泵产生的真空将泥浆吸入泵体，然后由其产生的排挤压力，推动泥浆在排泥管中流动，通过排泥管将疏浚

"天鲸号"挖泥船是中国自主建造的首艘超大型自航绞吸船

挖出的泥土排至指定的吹填区，在完成挖泥的同时，也实现吹填造陆功能。即能够将挖掘、输送、排出和处理泥浆等疏浚工作，通过一次性连续作业完成，生产效率高，且能够远距离输送泥浆。船体呈箱形，多为非自航船。主要工作机械有绞刀、泥泵、绞刀架绞车以及使船固定或移位的钢桩绞车、锚绞车等。适用于黏性较大的土质、砂泥或在有水藻芦苇的河床中作业，以及建港工程，是吸扬式挖泥船的主要船型。挖泥深度 4～30 米，生产能力每小时 40～4000 立方米。中国的"天鲸号"挖泥船，2010 年建成时是亚洲最大的自航式绞吸式挖泥船，配备有多种国际最先进的疏浚设备。在执行吹填作业时，该船能以每小时 4500 立方米的速度将海沙、海水的混合物排放到最远 6000 米外，每天吹填的海沙超过 10 万立方米。该船装备有亚洲最强大的挖掘系统，绞刀功率达 4000 千瓦，使其不会被礁盘上的珊瑚礁损坏而影响工作。

耙吸式挖泥船。利用设在吸泥口前的泥耙进行松土后再吸取泥浆。泥耙可设在船尾、船侧或船中，船上设有泥舱，均为自航船。挖泥作业是在低速下进行，除设有双螺旋桨、双舵外，尚有侧推器等设备。为防止泥浆装入泥舱后产生过大纵倾，设有调节纵倾的压载水舱。泥舱装满后，船驶至指定地点放抛泥浆，或采用高架边抛、溢流等方法抛泥。适用于港湾和内河航道的疏浚作业，挖泥深度 4～24 米，最大挖深达 90 米，生产能力每小时 1000～12000 立方米。

②抓斗式挖泥船。利用操纵抓斗在水底进行挖掘泥土、砂石的挖泥船。船体多呈箱形，甲板上设有一台或多台旋转式抓斗机，抓斗挖掘的泥土和砂石卸入泊于其舷侧的泥驳内，一般多为非自航船。抓斗式挖泥

船挖掘作业虽不连续，但可任选挖掘点且挖掘深度范围较大，因而较适于在港湾、狭窄航道及深浅变化较大的水域内挖掘碎石、软土和清除水底的一般障碍物。抓斗式挖泥船的挖泥深度 3 ～ 60 米，生产能力每小时 20 ～ 400 立方米。

③铲斗式挖泥船。利用铲斗在水底挖掘硬土、碎石的挖泥船。一般在船体中部设有与陆用相同的全旋转铲斗挖掘机，利用铲斗臂伸缩起落进行挖泥。掘进力大，但生产率较低，适于挖掘珊瑚礁、重黏土、卵砾石、块石及粗砂等。铲斗式挖泥船挖泥深度 2 ～ 10 米，生产能力每小时 100 ～ 240 立方米。

④链斗式挖泥船。利用一套链斗挖掘机构，在水底可连续挖掘泥沙的挖泥船。由斗桥和设在斗链上的一系列链斗等构成。斗桥的一端支撑在船体中部，另一端斜伸至水底。通过导链轮的转动，斗链带动链斗运转，使其相继插入水底进行挖泥。泥斗转至斗桥顶端时可自行翻转，将泥沙倒出并依靠专用泥泵自扬，或用长溜泥槽或卸泥输送带排至岸上，也可以航行到深水区排泥。链斗式挖泥船适于挖较硬的土层，挖后泥面较平整，可按照需要方便地调整挖槽深度。挖泥深度 3 ～ 40 米，生产能力每小时 20 ～ 1000 立方米。效率较高，掘进力较强，适用范围较广，除挖掘泥沙外，尚可挖掘水下矿物。

◆ **打桩船**

打桩船是专用于码头、堤岸和桥梁等进行水中打桩作业的工程船。船体为钢质箱形结构，多为非自航船。主要设备有打桩机、桩架、滑道及吊锤等。桩架设于船体甲板端部，可前后俯仰，以适应捶击不同角度

打桩船正在修建平潭海峡公铁两用大桥的施工栈桥

斜桩的要求。为保证出海安全航行和过桥时净空高度限制，桩架常做成可放倒形式。吊锤的动力方式可采用蒸汽机、柴油机、电动和电动液压等。打桩船工作时重心变化大，设有平衡水舱和泵，短距离的移船作业依靠绞车收紧和放松钢索而实现。

◆ 起重船

起重船是设有起重设备并专门从事起重作业的工程船，又称浮吊。按起重设备类型分为转机式、定机式和固定变幅式等几种。船体呈箱形，起重设备布置在船纵中轴线上。一般起升高度可达80米，幅度可达30米，可以变幅。有的吊杆可以放倒，便于拖带。船舶移位时用绞机移动船体。

起重船的起重量从数十吨至数百吨不等。大型起重船的起重能力可达4000～12000吨，船舶的排水量可达70000吨以上，具有较大的主尺度。其工作特点是总体和局部受力均较大，船体总纵强度和局部强度均需得到

打捞起重船"德合"轮正在进行海试

可靠保障。为保证作业时的稳性，设有平衡水舱和水泵。主要用于港口装卸，也可从事船厂吊运、桥梁安装和平台运装等水上起重作业。12000 吨大型全回转式起重船已建造成功。

◆ **炸礁船**

炸礁船是用水下钻孔、爆破方法破碎或炸除水下礁石的工程船。常用于挖深、拓宽航道和港池，清除碍航礁石，开挖码头、船闸、船坞等水工建筑物的基坑等。炸礁船有漂浮式和自升（平台）式 2 种。其中，自升式炸礁船为箱形船体，钢质单甲板结构形式，非自航船。船体 4 角有液压支柱，工作时将支柱下降至水底后把船顶升出水面一定高度，以避开急流和波浪的影响，保持船舶的稳定。炸礁船上有钻机和轨道，钻机在轨道上移动以对准钻孔位置。钻孔方法视河床底质而定，一般采用双套管钻进方法。这种爆破方法适用范围广，爆破效果较好，但受水深和流速的限制。中国可在流速 4.5 米 / 秒、水深 15 米的条件下进行水下钻孔爆破作业。

◆ **碎石船**

碎石船是用机械方法击碎并清除水下硬礁石的工程船。在疏浚工程中，需要清除水下礁石。首先要把礁石破碎，破碎工作可借助于炸礁船爆破或碎石船机械破碎清除。碎石船为箱形船体，单甲板结构形式。在甲板端部或中部开槽处设有一套碎石锤装置，用以击碎水底礁石。

◆ **抛石船**

抛石船是一种载运石块到指定地区后利用自身横倾或其他方法自动

抛石块于水底的工程船。系非机动的单甲板驳船。它借助压载水舱水量的调节，改变船舶重心与浮心的横向位置，使船舶横倾，自动卸下装于甲板上的石块，然后压载水舱的阀门自行排水使船扶正。压载水舱的进、排水阀由拖船遥控，作业时驳船上无人。抛石船的船体结构简单，卸石迅速，用于建港、筑堤、打桥墩基础及扩大陆域面积等的抛石工程。多功能抛石船，除具有抛石功能外，还具有定位、起吊、抓斗船疏浚等功能，能提高抛石施工安全系数、抛石施工质量、抛石作业的准确度和均匀度。上海振华重工牵头承担的中国交建科研项目"落管抛石船技术研究"完成基本的设计研发工作，能够实现精准抛石，基本满足中国绝大部分海上平台、管线、电缆、油气田、风电场的抛石需求，应用前景广阔，投产后具有良好的社会效益和经济效益。

◆ **钻探船**

钻探船是专用于对海底地质构造（资源分布）进行钻探、采样作业的工程船。系浮船式的海上工作平台，可在不同深、浅水域作业，分自航式和非自航式两种，均为单甲板船。一般多将钻探架设在船的中央区域，以减小船体摇荡对钻探工作的影响。船舶定位可采用锚泊系统或动力定位系统，现代大型钻探船均采用动力定位系统。动力定位系统由声呐发

中国"海洋地质十号"调查船

生器、接收器、差分全球定位系统（DGPS）、信号传感器、计算机及全回转推进器等组成。所有采集的数据由计算机运算处理并自动控制相应的推进器运转发出推力使钻井船复位，不需抛锚。中国自主设计建造的大洋钻探船"梦想"号已于 2024 年 11 月 17 日正式入列，其总吨位 33000 吨，是全球唯一一艘具备 11000 米钻探能力的科考船，可打穿大洋壳，揭示地震机理，查明深部生物圈和天然气水合物，理解极端气候和快速气候变化的过程，构筑新世纪地球系统科学研究的平台，实现人类探索地幔的梦想，同时为深海新资源勘探开发、环境预测和防震减灾等实际目标服务。

◆ **混凝土搅拌船**

混凝土搅拌船是在水上搅拌混凝土用的工程船。船上配备有完整的混凝土生产设备，设有砂、石、水泥舱和搅拌系统。配料、搅拌全部自动控制。在搅拌船生产混凝土的过程中，随着物料的逐步消耗，船体的平衡也随之变化，要使搅拌船在作业中保持稳定性和安全性，合理布置水舱和适时调整压舱水十分重要。水上作业时船体在波浪及水流的作用下产生摇摆，将对物料的称量精度产生影响，应注意选择适宜的传感器类型。混凝土搅拌船可在工地浇注混凝土。生产能力每小时 150 ～ 500 立方米。

◆ **布缆船**

布缆船是专门用于敷设海底电缆的工程船。建设海底电缆是为了进行有线通信。有线通信具有容量大、距离远、安全可靠、抗干扰能力强等特点。没有陆路相通的国家或地区，需要在海底敷设通信电缆。布缆船不仅担负敷设海底电缆、沟通大洋彼岸通信的重任，还担负维修海底电缆、保证海上通信畅通的重任。布缆专用的机械是布缆机，有多种类型。布缆船的基本特点是：①设有装载不同规格的电缆舱，舱容相对较大，宽敞的甲板便于配置各种布缆所需的设施和设备，以及方便作业。②船型较为特殊，横剖面呈深 V 形，有利于保持良好的稳定性，并能提高推进效率；首型外飘，可以减少船头甲板上的溅沫和碎浪；设置高船首是敷设和修理电缆的需要。③设有压载水舱，供调整纵倾和改善稳性。④采用电力推进装置，配备有可调距螺旋桨和主动舵，保证布缆船在各种不同工况下，均具有良好的推进和操纵性能。侧向推进装置，使得布缆船在低速航行时，有较好的航向稳定性，并便于靠离码头。

◆ **多用途工程船**

多用途工程船是具有多种功能和用途的工程船舶，种类较多、分工细、专业性强，对某一项工作（程）往往需要多种工程船共同完成。为了提高工程作业效率，简化工艺流程，多用途工程船便应运而生。不同组合，可构成不同功能的多用途工程船。在水下铺设电缆工程中，采用多用途工程船较多。例如，集布放、埋设、打捞等多种海洋工程任务于一身的多用途工程船，型宽 30 米，型深 7 米，吃水 4.8 米，船舶底部加强，具备浅滩座底作业能力。采用电力推进，配置 6 点锚泊定位和先进的DP-2 动力定位系统，除能完成海底铺石，海底敷设电缆外，还可进行疏浚、岩块输送安放及海工结构件的安装等多种形式作业。上海振华重工建造的"NDURANCE"号多用途船还可以装配自动挖沟设备，使其能在海床上挖掘深度达 3 米的沟槽，进行铺缆作业。再如，"NDEAVOR"号上新置的喷射挖沟机可以将已敷设的线缆埋至更大的深度。

第 3 章

高速船舶

高速船舶指能高速航行的船舶的总称。简称高速船。

◆ 概念内涵

对高速船舶尚无严格的定义，一般可从下列不同角度做出限定。

①从历史发展角度定义。高速船舶最初是从常规排水型船舶的基础上，通过采用多种特殊技术演变而来，并以其速度远高于常规排水型船舶而得其名。为了对其加以区别，于是采用与船舶航速密切相关的弗劳德数作为限定的依据。弗劳德数的数学表达式为：

$$Fr = \frac{v}{\sqrt{gL}}$$

式中，v 为船舶航速，米/秒；g 为重力加速度，米/秒^2；L 为船舶长度，米。一般认为，当弗劳德数 $Fr \geqslant 0.4$ 时，即为高速船舶。

②从国际海事组织规定角度定义。国际海事组织在高速海船安全法中规定当 $v \geqslant 3.7D^{0.1667}$ 时，称为高速船舶。式中 v 为船舶航速，米/秒；D 为船舶满载排水量，立方米。

③从习惯与现实条件角度定义。一般常规排水型船舶的航速均在 15～25 节范围；高速船舶航速为 30～40 千米，有的甚至超过 80 千米。

为此，人们通常将航速大于 25 节的船舶统称为高速船舶。

此外，为促进高速船舶的发展，中国船级社《海上高速船入级与建造规范》对高速船舶亦做出相应的定义。

◆ 分类及特征

高速船舶种类繁多，基本技术原理和特征各异，是当代船舶技术与造船工程领域中新概念、新思想最丰富，最具创造性和最富有活力的领域之一，并仍在不断的发展之中。一般可按下列两种方法进行分类，并简述其基本技术特征。

按船舶船体重量的支承原理分类

高速船舶在水上航行时，按照船体重量支承方式的不同，船型分类划分如下：

①浮力型高速船。浮力型高速船主要有高速单体船、高速双体船、小水线面双体船等多种类型。尽管它们和常规排水量型船舶船体重量的支承原理相同，但为了减小阻力实现高速航行和提高船舶在风浪中的耐波性，船体外形与常规排水型船舶存在较大的差别。

②水动升力型高速船。水动升力型高速船主要有滑行艇和水翼船两种类型。此类船舶船体重量的支承力是由滑行面和水翼在运动时高升阻比的水动力升力所提供。

③空气静压力（气垫）型高速船。空气静压力（气垫）型高速船主要有全垫升式气垫船和侧壁式气垫船两种类型。此类船舶船体重量的支承力是由封闭气垫的静压力所提供。若封闭气垫的静压力将船体全部抬

离水面，则构成全垫升式气垫船；若封闭气垫的静压力将船体底部部分抬离水面，则构成侧壁式气垫船。它们主要是通过减少船体水的浸湿面积及波浪干扰而实现高速航行。

④空气动升力型高速船。空气动升力型高速船主要指掠海地效翼船。它是一种介于飞机和船舶之间的"表面效应飞行器"，当船体和机翼在贴近水面高速运动时，高升阻比所产生的空气动升力，使掠海地效翼船在波面 0.5 ～ 3.0 米或更高的高度上平稳掠飞，实现高速航行。

⑤复合型高速船。复合型高速船是将上述各单项技术经相互渗透、杂交演变而成。如将双体技术与水翼技术相结合，可构成双体水翼船；将双体技术与气垫技术相结合，可构成双体气垫船等。

按船舶的基本技术原理分类

各类高速船舶的基本技术原理和特征各异，按其基本特征可大致分类如下：

①高速单体船（high speed monohull craft; high speed monohull ship）。主要有滑行艇、半滑行艇、深 V 形高速单体船及消波型高速单体船等多种类型。进入 20 世纪 90 年代，气泡润滑原理船已开始有所应用。

滑行艇在水面航行时，仅部分艇底与水面接触，静水浮力的大部分为水动力所代替，且支撑面和浸湿面积随速度增长而减小。处于滑行状态的船艇，兴起波浪小，水对船的阻力也相应减小，因而航行速度可以大幅度提高。其缺点是耐波性较差，不适于在大风浪中航行；滑行时，波浪对船体结构产生很大的冲击力，致使滑行艇的应用和发展受到一定的限制。

深 V 形高速单体船是由常规单体船演化而来，其基本特征是把常规单体船较为平坦、丰满的圆舭形船底改为尖舭形。尽管深 V 形单体船在低速航行时阻力性能并不理想，但在高速航行时却能有效降低占重要成分的兴波阻力，具有良好的耐波性。在波浪中的失速小，航速可高达 40 节以上。船型有大型化趋势，适合于在沿海中短途客 / 车渡船航线上组织营运。

滑行艇

消波型高速单体船是一种圆舭过渡型快艇，具有阻力小，产生波浪小等优点，稳性和回转性也比较好，是一种有发展前途的新船型。

应用气泡润滑原理而设计的高速单体船，由于气泡覆盖于船体表面而减小水的摩擦阻力，在只消耗 3% 动力装置功率的情况下，就可增加航速 30%。俄罗斯生产的"林达"型气泡润滑 70 客位内河客船于 1993 年已投入营运。

②高速双体船（high speed catamaran）。高速双体船是由两瘦长片体通过中间连接桥而构成整体，多为铝合金结构。其主要性能特点是：大长宽比、瘦长片体，可降低兴波阻力；结构简单，具有宽敞的甲板面积，便于舱室布置；可采用螺旋桨推进装置或喷水推进装置，工作可靠，效率高；高速双体船一般仍属排水型船，航速增高时阻力增加迅速，因此，最高航速受到一定限制，服务航速一般为 30 ～ 35 节。高速双体船在较大风浪中横摇和纵摇较严重，且由于横摇周期和纵摇周期比较接近，

易产生螺旋耦合摇摆运动，使人体产生不舒适感。为改善高速双体船在波浪上的航行性能，可在船首增设阻尼系统装置，使高速双体船在恶劣海况下仍能正常航行。

20 世纪 90 年代，出现了一种新型的穿浪型高速双体船。采用长而瘦削的片体，主船体高高抬起，并扩大两片体间距，船的两侧片体的船首和主船体的底部都是呈尖利的 V 形线型。一般在遭受中小波浪时，尖利的 V 形船首能够直接从浪中穿过，可减小船体在波浪中不断俯仰摇晃的程度。而在面临大的波浪时，由于这种船型本身的主船体抬得很高，可避免全部船体钻入浪中，大浪沿着主船体底部呈 V 字形的船底向两边倾斜分流，船体仍能穿浪而过，有效的削弱波浪对船首和船底的砰击，减小波浪干扰和船体摇摆，从而可进一步改善高速双体船的耐波性，并为高速双体船向大型化方向发展提供了可能。

小水线面双体船是由常规双体船发展演变而来，通过一对或二对细长的流线型支柱将提供浮力的船体排水体积部分（位于水下）与船体上部主体部分（位于水上）相连接，属半潜船型。此类船舶既保留了常规双体船甲板

高速双体船

面积宽敞、横稳性好等优点，同时，又由于水线面狭小，流线型支柱可有效地减小波浪扰动力及兴波阻力，因而耐波性能良好，一般可在 6 级海况下航行。该船型还具有噪声小、舒适性好、推进效率高及航向稳定

性好等特点。不足之处是回转直径一般较大，船舶载货（客）量的变化，对船舶的浮态（包括吃水等）将产生不利的敏感影响。小水线面双体船是发展中的一种新船型，并有大型化的趋势，服务航速已达 25 ～ 30 节。此外，双体船与气垫船结合，构成双体气垫船；双体船与水翼船结合，构成双体水翼船。

经过半个多世纪的发展，高速双体船已形成一个庞大的家族，主要有普通型高速双体船、超细长高速双体船、穿浪型高速双体船、小水线面双体船、双体水翼船和双体气垫船等多种类型。通常考虑到小水线面双体船具有特殊的性能，可将其单独列为一种船型，双体水翼船则列入水翼船范畴，双体气垫船则列入气垫船范畴。

小水线面双体船模型

③气垫船（air-cushion craft）。主要有全垫升式气垫船、侧壁式气垫船和双体气垫船等多种类型。

④水翼船（hydrofoil craft）。主要有浅浸式水翼船、割划式水翼船、深浸式水翼船和双体水翼船等多种类型。

⑤掠海地效翼船（ram-wing craft）。主要有冲翼艇和气翼艇两种类型。

上述对高速船舶的各种分类是不完善的，并有矛盾与重叠之处，特别是随着复合杂交型船舶的发展，船舶种类不断增加，如三（多）体船等，使高速船舶的分类更为困难。

◆ **作用和影响**

为了促进高速船舶的发展，中国船级社先后重新修订了《海上高速船入级与建造规范》（2015）和《内河高速船入级与建造规范》（2016）。新规范是在总结中国各船舶设计单位、高速船航运公司、建造厂和验船机构的经验和意见后，并参考国际海事组织《2000年国际高速船安全规则》，同时结合中国对新型高速船的开发需求而编制，对指导高速船进一步发展将具有重要作用。

各类高速船舶在世界各国军事舰船领域中已得到广泛的应用和发展。

气垫船

气垫船是利用高压空气在船底和水面（或地面）间形成气垫，使船体全部或部分垫升（减小阻力）而实现高速航行的船舶。

气垫是用大功率鼓风机将空气压入船底部，由船底周围的柔性"围裙"或刚性侧壁等气封装置限制其逸出而形成的。气垫托起船底，减小或脱离水面（地面）对船体航行时的阻力，再通过推进装置产生的强大推力，推动气垫船高速前进。

海上气垫船

从 19 世纪开始，人们对气垫船的基本原理就进行不断的探索研究，直到 1953 年，英国工程师 C. 库克雷尔（Sir Christopher Cockerell）才创立气垫理论。经过大量试验后，于 1959 年建成世界上第一艘气垫船，横渡英吉利海峡取得成功。在此之前，中国已成功建造出一艘试验性气垫船，并在松花江等地试航成功。由于保密原因，未向世人公布。自 20 世纪 60 年代以后，气垫船发展迅速，应用日益广泛，并出现多种类型，主要有全垫升式、侧壁式和双体式气垫船 3 种。

①全垫升式气垫船。在船体下部四周设有柔性"围裙"，用升力风机压缩空气在"围裙"所包围的船底空间内形成气幕，具有强大压力的气幕在向四周逸出的同时，向上托起船体，使之脱离水面，由于气体不断的逸出，需要升力风机不停地工作来补充；与此同时，用推进风机（空气螺旋桨）使船体向前运行，用空气舵操纵方向。全垫升式气垫船不仅能在水面上航行，而且能飞越一定高度的障碍物，可在海滩上着陆，具有两栖性。全垫升式气垫船的缺点是耐波性较差，在风浪中航行失速较大。服务航速达 60 ～ 80 节。全垫升式气垫船的主船体，一般用铝合金、高强度钢或玻璃钢制造；大功率的动力装置用航空发动机、高速柴油机或燃气轮机；船底"围裙"用高强度尼龙橡胶布制成，磨损后可以更换。全垫升式气垫船大型化趋势明显，并在军用舰船上得到应用。

②侧壁式气垫船。在船体底部两舷装有一定长度和厚度的刚性侧壁浸入水中，首尾设柔性封闭装置，构成气垫浮力舱。航行时，利用专门的升力风机向船底不停地充气形成较平稳的气腔，使船体底部漂

浮于水面上。侧壁式气垫船不能全部离开水面，仅利用气垫抬高船体，使船体底部脱离与水面的接触，减小船体前进时的水阻力。侧壁式气垫船船体结构多为钢质，主动力装置常选用轻型柴油机或燃气轮机，并可采用喷水推进或水螺旋桨推进，具备常规船特点。与全垫升式气垫船相比，侧壁式气垫船可节省垫升功率和推进功率，在相同航速下，提高单位功率船舶载量，有较好的操纵性和航向稳定性，但不具备两栖性。由于侧壁式气垫船气垫腔中的空气不易流失，托力比全垫升式气垫船大，而且功率消耗小，适合建造大型船只。由于气垫系统控制装置的不断改进，可有效地改善船舶在波浪上的耐波性能。侧壁式气垫船除民用外，其军用价值亦颇受各国海军重视。服务航速一般为30～50节。

③双体式气垫船。在侧壁式气垫船基础上发展起来的一种新船型，将侧壁排水体积加大，并改成双体船的片体形式，兼有气垫式、侧壁式两种船型的优点。双体式气垫船不仅可改善船舶的稳性、耐波性和越峰能力，而且可使主机直接置于片体中，采用常规动力传动装置，机构简单，工作可靠。船体结构多为钢质。此外，甲板面积宽敞，可有效地改善各类舱室的布置条件。服务航速一般为40～50节。

一般来讲，各类气垫船尚有以下缺点：设有垫升与推进两套动力装置，主动力装置功率大，相对于其他船型，单位载量功率消耗较大；连续工作时间短，续航力较小；"围裙"易损坏，各种装置的使用及维修费用较高等。

水翼船

水翼船是航行时靠装在船底部的水翼产生的升力使船体全部或部分升离水面而高速航行的船舶。

◆ 简史

1919 年，美国发明家、电话发明人 A.G. 贝尔制造了世界上第一艘水翼船，船体总重 5 吨，航速 61.6 节，初步取得成功。进入 20 世纪中叶后，随着轻型大功率动力装置的出现，水翼船得到快速发展，并在民用和军用领域得到应用。

◆ 特点

水翼船最大的特点是在船体底部装有水翼，有浮航和翼航两种状态。水翼的剖面形状和作用原理同飞机机翼相似，但尺寸相对较小。它所产生

水翼船

的升力与翼型、冲角、面积、浸深以及与水的相对流动速度等因素有关。当水翼船停泊或低速航行时，水翼不产生升力，处于浮航状态，这时水翼船同普通船型一样，靠浮力支承。水翼船由浮航状态进入翼航状态，需在短时间内增大主机功率，经起飞阶段，越过峰值速度，进而达到设计的翼航速度。

◆ 分类

水翼船按照水翼的数目、结构与配置形式不同分为多种。按水翼数

目可分为单水翼船和双水翼船；按水翼能否收放可分为固定水翼船和可收缩水翼船；按水翼控制方式可分为自控水翼船和非自控水翼船；按水翼与水面的相对位置可分为割划式水翼船和全浸式水翼船等。

水翼船的分类虽然繁杂，但常用的类型主要有浅浸式、割划式、全浸式和双体水翼船等数种。

浅浸式水翼船

浅浸式水翼船主要依靠水面的浅浸效应而获得航行时的稳定性。当水翼随同船体在波浪中发生横倾时，贴近水面一侧的水翼升力减小，两侧升力差异产生恢复力矩而扶正船体，从而获得自稳能力，属于全浅浸自稳式水翼船。此类水翼船的结构简单，适合于在风浪小的内河和湖区航行。

割划式水翼船

割划式水翼船在航行时有一部分水翼露出水面，并割划水面，高速航行时的稳定性主要依靠 V 形或 U 形（又称梯形）水翼的一侧翼面积效应而获得。即当船体向一侧倾斜时，该侧水翼浸入水中面积随之增大，升力亦增大，另一侧则相反，从而自身产生恢复力矩，保持船舶在航行中的动态平衡与稳定性。此类水翼船具有自稳性，不需要控制设备，结构简单，但受波浪影响大，宜用于在风浪不大的内河、大型湖泊和沿海中航行。

全浸式水翼船

全浸式水翼船航行时水翼全部浸没水中，水翼本身没有自稳性，需有一套自动控制系统来保持航行中的稳定性。此类水翼船吃水深，宽度大，还需要有一套收放设备，所以结构复杂、造价高，但是受波浪干扰小，宜用于风浪大、对耐波性要求很高的海洋中航行。

全浸式水翼船的船体一般用铝合金或钢质材料制造；水翼用不锈钢或钛合金制造；动力装置以高速柴油机为主，多采用水下螺旋桨推进，可收缩全浸式自动控制双水翼船也可用喷水推进装置推进。

全浸式水翼船的服务航速一般为 35 ～ 45 节，或更高。

双体水翼船

双体水翼船是一种由双体船和水翼船技术杂交而形成的双体水翼船。在 20 世纪末，出现由 2 个不对称的片体和位于片体间的水翼系统组成的双体水翼船。在设计航速时，水翼提供的升力约占总排水量的 1/3，前、后水翼呈机翼式配置，前水翼为主翼，承担 90% 的负荷；后水翼为尾翼，承担 10% 的负荷。此种船既有较高的静水航速，同时又有良好的耐波性。一艘 36 米长的实船，在有义波高 1 ～ 2 米的海况下航行，由于水翼产生的阻尼作用，乘客无晕船现象发生。

地效船

地效船是利用地面效应所产生的气动升力来支持船重并贴近水面或地面而航行的高技术船舶。全称地效翼船。又称地效应船、掠海地效翼船、地效飞机、地效飞行器。

◆ 简史

世界上开发研究地效船规模最大，在技术上最先进的国家是俄罗斯。

1960 年，由阿列谢耶夫水翼艇局（苏联）研制出了第一条地效船试验艇"SM-1"，1962 年又研制成功了起飞重量为 5 吨的地效船"SM-2"，在此艇的研究基础上，研制出了"KM"系列的第一代地效船。第一条地效船"KM"于 1966 年制造完工，被西方称之为"里海怪物"，闻名世界。该船起飞重量为 550 吨，在 3 米浪高的海况下能飞行，在 0 ～ 500 千米 / 小时的航速范围以内和 0 ～ 20 米的飞高范围以内，具有良好的机动性和稳性。

◆ **特点和类型**

地效船贴近水面或其他界面飞行，机翼下表面离飞行界面很近，形成气流阻塞，使机翼升力增加，大幅提高飞行升阻比。具有载重量大、起降方便、造价便宜、安全性高、水陆两用等特点，不仅可作为管控海疆的有效工具，还可作为海上救生和海洋石油资源开发的优良运输工具。

按其地效原理，地效船分为动力增升型地效翼船（或称冲翼艇）和动力气垫型地效翼船（或称气翼艇）。动力增升地效翼船利用航行时产生的地效升力使船起飞离水，其起飞方式类似于飞机，可短时爬升到地效区外飞行，在掠海凌波航行时可不受波浪影响，获得很高的适航性，但起飞所需功率较大，运载效率较

2015 年 4 月 16 日，中国自主研发的地效翼船在海口桂林洋海域试飞

低。动力气垫型地效翼船依靠前置发动机的尾流向翼下的封闭区喷流而形成动力气垫，使船在无航速时，亦可靠气垫托离水面，其起飞方式类似气垫船，在正常巡航时，动力飞垫仍提供一定的支持力，其运载效率略高，但只能贴近水面航行，不能爬高越出地效区外飞行，机动性、耐波性均较差，一般只能用于江湖或封闭海区。

◆ **构造和用途**

地效船由主船体、带襟翼的主翼、端板（或称浮体）、高平尾翼、垂直舵、空气螺旋桨、发动机和起飞装置（滑行水橇或起落架）等组成。贴近水面或其他界面飞行，机翼下表面离飞行界面很近，形成气流阻塞，使机翼升力增加，大幅提高飞行升阻比。地效船具有载重量大、起降方便、造价便宜、安全性高等特点，将飞机的高速性和船舶的高承载性集于一身，在开发海洋能源、物需运输、海上救援以及军事领域具有独特优势。

帆　船

帆船是利用风力张帆行驶的船舶。帆船的主要推进装置为帆具，以橹、桨和篙作为靠泊、起航和在无风航行、弱风航行时的辅助推进装置。内河帆船还有纤具，无风逆流航行时，纤工上岸背纤步行，拉船前进。

◆ **类型**

帆船是古老的水上运载工具。按挂帆的桅数区分，有单桅船、双桅船和多桅船；按用途分，有运输船、渡船、渔船和旅游船；按底型分，大体可分为平底船和尖底船；按首型分，有宽头船、窄头船和尖头船。古代还有专用于作战的战船。此外，还有专用于水上运动的帆船。

◆ **构造**

世界各地帆船类型很多。中国宋至清代，沿海帆船有航行于黄海的平底"沙船"、福建的尖底"福船"、广东的"广船"（类似福船，但比福船坚而大）及浙江、福建、广东的一种小型快速"鸟船"；内河帆船有专门在运河承运漕粮的平底"漕船"等。20 世纪 50 年代前，各种类型的帆船还大量航行于内河和沿海。双体船抗风浪能力较强，南太平洋岛屿的双体帆船曾闻名于世。19 世纪中叶机动船兴起后，出现了备有风帆的机帆船。它既保留帆具可以驶风，又安装了内燃机，作为无风、弱风航行时的动力。20 世纪 70 年代以来，日本、英国、美国、巴西、挪威等国积极研究和试制新型近海和远洋机帆船（又称风帆助推船），用计算机控制帆，以节约能源。

帆船通常是木结构。骨架多为横骨架式，包括弯肋骨、脚梁、面梁等横向构件。较大木船才设置纵向底压筋和舷压筋。隔舱板既用以分隔

沙船模型（上海市历史博物馆藏）　　在青岛奥帆中心停泊的机帆船

舱室，也是骨架的组成部分。中国自唐代就已采用水密隔舱，以提高船体抗沉性。船壳板主要由底板、舭板、身板、舷甲板等纵向构件构成。骨架支承壳板，并和壳板共同构成有一定强度和刚度的主船体。帆船的龙骨，是底板的组成部分，外侧凸出于船底下面。平底船龙骨有一道至数道，凸出部分为圆背形。尖底海船在纵中线设一道凸出于船底的方龙骨，除能提高船底纵向强度外，驶偏风时还起阻止船体横向漂移的作用。

较大的中国帆船，船壳有的采用两层或三层板叠合结构，有的采用双层船底，内底和外底中间隔以横脚梁。身板的上部，一般为数道用圆木对剖的圆背厚板，以加强纵向强度。船壳板接缝用桐油石灰和麻丝或竹丝混合物泥实；阿拉伯古船和太平洋热带岛屿木船则用橄榄树脂和皮、叶煎成胶状物捻缝；海盗船也用青苔捻缝；地中海沿岸古船有的用兽毛和纺织原料捻缝，再涂以沥青。

◆ 帆具

帆具由帆、挂帆的桅杆和操帆的绳索系统组成。帆船多是单桅、双桅和三桅，中国古代巨型帆船有多至七桅、九桅的。船桅一般是沿船纵中线布置，中部主桅最长最粗，长度约等于或小于船长，头桅、尾桅依次而短小。三桅以上的帆船除主帆居中线外，首尾各桅配置在中线两侧或舷边，各帆配合受风，互不干扰。

原始的帆船一般用四角形方帆，中国南方某些内河至今还有一种人字桅四角横帆船。后来逐步演变为四角长方形帆和直角三角形帆，可驶偏风。近代帆船有的用三角帆，有的用四角帆。双桅船和三桅船可兼用这两种帆。中国帆船以用四角帆为主，多为长方斜顶方形、帆面有多道横竿的硬帆；有些沿海帆船的帆顶边一角成尖峰，后侧边成曲线，整个帆面呈扇形。升帆时桅杆处在帆的前侧边与纵中线之间。这种斜顶边的半平衡帆，操纵灵活，帆面风压中心较低，利于驶偏风。中国帆船有的也备有三角软帆。长江上游帆船在驶顺风时，靠主帆前边挂一面直角三角形辅帆，底边与主帆相齐，等于主帆的延宽。帆的长度与桅长相适应，主帆宽度大于船宽，头帆、尾帆尺度依次减小。中国帆船主帆宽度有的超过船宽两倍。帆的总面积（以平方米计）与船的满载排水量（以吨计）有一定的经验比例关系，中国帆船一般在 2 ∶ 1 和 3 ∶ 1 之间。

$$\overset{\displaystyle \bigwedge}{\underset{\text{第}\ 4\ \text{章}}{}}$$

绿色船舶

　　绿色船舶指采用相对先进技术在船舶生命周期内能安全地满足其预定的功能和性能，同时实现提高能源使用效率、减少或消除环境污染，并对操作和使用人员具有良好保护功能的船舶。

　　泛指在船舶的设计、建造、运营和拆解过程中，秉承资源节约和环境友好的理念，在满足船舶应有的航行、运输、作业及再利用功能的同时，消耗的能源和资源最节省，产生的环境污染和生态扰动尽可能少，这样一类有关船舶全生命周期的科学技术理论和工程与管理系统。

◆ 概念形成

　　1989 年 3 月 24 日，在美国阿拉斯加威廉王子海湾发生了"埃克森·瓦尔迪兹"油轮触礁事故，导致溢出原油 3.7 万吨，造成了严重的环境生态破坏，促使美国国会制定并全票通过了《1990 年油污法》（OPA 90），其中要求，1990 年 7 月 1 日以后登记或在 1994 年 10 月 1 日后交付使用的油轮，均须为双壳体，否则严禁驶入美国海域。所谓双壳体，就是在油轮的外壁和储油舱内壁之间设置一个起保护作用的间隔空间。其时，由欧洲造船公司组成的多国财团已开发出采用双壳体结构、符合环境保护要求的 E-3 型油船，并安装了最先进的避碰系统和防污染装置，航行的安全性能超过了 OPA 90 的要求。

20 世纪 90 年代初期，除了提出双壳体油轮的对策以外，美国和欧洲还提出了其他防污染设计方案，如降低油舱内的油位高度，以便在船壳发生破裂时利用海水比重超过油的原理，依靠周围海水的静压来抑制油的泄漏；完善燃油在发动机汽缸中的燃烧过程；将废气引入 SCR 反应器来降低 NO_x 排放量等。此外，美国加利福尼亚州通过的立法要求自 1993 年 1 月起，在该州海域航行的船舶不得燃用含硫量超过 0.05% 的燃油；瑞典斯德哥尔摩港规定，靠港停泊的渡船一律停开柴油发电机，接通岸电。

根据多年的讨论与实践，环境保护专家、船东与船舶设计师逐渐取得了共识：自 20 世纪 90 年代起，商船须向绿色船舶方向发展，不仅在其营运过程中，而且在其建造和退役报废时，都不得破坏自然环境，不得对海洋或大气环境造成污染。

◆ 基本内容

绿色船舶的设计、建造、运营以及日后的拆解，都要求运用"绿色技术"实现低排放、低能耗、低污染、高能效、安全健康等目标。与传统的船舶技术相比，要使一艘船舶成为绿色船舶，须在船舶结构、线型、船体防污涂层、主副发动机选型、废气处理、固体和液体废物处理等多方面采取措施，并且还需针对货物种类、燃料类型、航速、航行海域、船员素质等多元要素实施相应的管理对策，以满足特殊要求。

国际海事组织（IMO）和各国政府多年来一直致力于在保证船舶运

输可持续发展的同时做好环境保护工作。IMO 制定的 30 多个海上安全和防止船舶污染的国际公约以及 600 多个规则、建议案，如《〈1973 年国际防止船舶造成污染公约〉的 1978 年议定书》《1969 年国际干预公海油污事故公约》《1972 年防止倾倒废弃物及其他物质污染海洋的公约》《1990 年国际油污防备、反应和合作公约》《2001 年国际控制船舶有害防污底系统公约》《2004 年国际船舶压载水和沉积物控制与管理公约》《国际安全与环境无害化拆船公约》等，为绿色船舶标准体系奠定了基础。

联合国为应对全球气候变化出台了《联合国气候变化框架公约》及《京都议定书》，以及保护海洋的《联合国海洋法公约》等国际法规文件，这些公约共同为包括绿色船舶在内的全球绿色环保提供了法律及相关技术、标准保障。

英国、法国、德国、美国等发达国家多年来在水域环境治理、环境保护立法、清洁能源开发与利用等方面订立和实施了一系列政策法规，保护环境的成效显著。其中，有关船舶的环境保护标准通常要比 IMO 国际公约的要求更加超前和严格，为实现绿色船舶提供引领和支撑。

例如，欧盟率先制定了船舶温室气体减排需实现可监测、可报告、可核查（简称"三可"）技术管理体系的规则，根据已建立的标准明确监测的对象、方式，并客观认知监测的局限性，按照联合国气候变化框架公约或者其他国际一致的要求进行报告，明确报告的主体、内容、方式和程序等，明确进行核查的主体和条件，其中，核查的主体须为经过认证的独立第三方。在欧盟的推动下，该"三可"技术管理体系将有望在未来得到 IMO 相关环境保护公约及附则采纳。

又如，美国单边设立的船舶压载水处理系统的活体生物排放标准比 IMO 相关环境保护公约附则提出的标准要严格 100 倍。此外，在美国的强大压力下，IMO 批准设立的北美排放控制区覆盖了美国、加拿大、墨西哥距岸线 200 海里的广阔海域，执行了比全球大部分区域更加严格的硫氧化物及颗粒物和氮氧化物排放控制标准。

中国为减少船舶对环境的污染，已逐步在法规中纳入防止船舶造成空气污染、水域污染的相关要求，出台了一些与绿色船舶相关的环保政策，如加快淘汰老旧船舶、鼓励发展 LNG 清洁能源利用政策等，取得了一定成效。中国船级社发布了《绿色船舶规范 2015》，从环境保护、能效和工作环境 3 个方面分别确立了目标，即减少船舶对海洋、陆地、大气环境造成污染或破坏，减少船舶运营所产生的二氧化碳排放量，提高船舶能效水平，改善船员工作和居住条件，降低船员劳动强度，并提出了达到绿色船舶三级附加标志的国际、国内航行船舶应具备的性能指标。未来中国将进一步提升绿色船舶自主创新能力，积极推进船舶产业的绿色优化升级，更多地利用新材料、新能源和先进制造技术，实现资源循环化、制造节约化、供给侧绿色生态化。

就绿色船舶建造与运营的节能减排技术而言，当前的研发方向多聚焦于螺旋桨和船体改进以及其他降低气动阻力的技术，空气腔系统和主发动机效率的改进技术，风能、太阳能、潮汐能等可再生能源利用技术，船舶岸电及船上废热综合利用技术，减速航行与航行规划技术，单位运力压载水减容及载货量增容技术，采用二级增压、超高增压和补燃增压改进增压技术，以及优化燃烧过程，提高单机功率，通过氮氧化物（NO_x）净化和颗粒物去除装置强化尾气净化处理，利用燃料电池作为主要动力，可同时降低船舶大气污染物和船舶噪声的排放。

　　总体而言，绿色船舶的构成体系和涉及内容相当庞大，其推进实施有待国际国内多方面理论、技术、经验的引领、支撑、借鉴和协作，相应的体系构建和实施路径如下图所示。

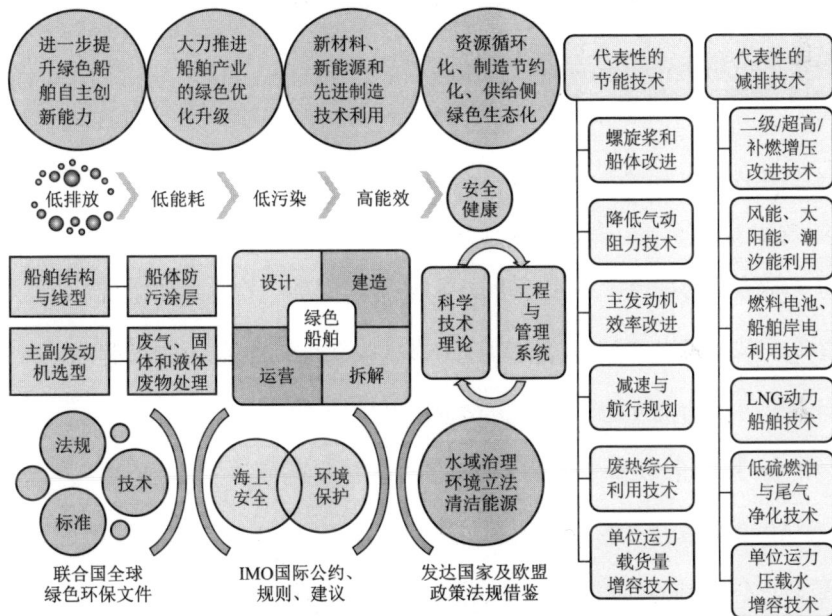

绿色船舶体系构建和实施路径示意图

◆ **影响**

绿色船舶的发展历程体现了人类关于船舶海上安全和环境保护对

策措施在认识和理念上的大的飞跃，即从 IMO 建立完善海上安全和环境保护国际公约与规则，演变到增加改进和革新船舶的设计与制造，使之从结构、材料、工艺、设备等多方面得到优化和完善，切断事故安全隐患，根治能源消耗和污染排放的源头，并进一步拓展和建立从船舶设计、建造至运营及拆解的完善的全生命周期绿色发展体系，再到实现船舶产业链和供应链的全过程绿色生态化，最终实现满足航运能力和效率要求的健康、无公害目标。其发展是人类可持续发展的重要组成部分，其体系构建和推进实施对于航运可持续发展和环境保护具有重大和深远的意义。

船舶防污染设备

船舶防污染设备是在船上配备的污染预防、控制、监测、后处理的设备，以及在岸上配套建设的污染物接收处理、清洁能源供应、溢油及危化品应急处置等的支持系统设备。

◆ 概念形成

1948 年 3 月 6 日，联合国在瑞士日内瓦召开首次国际海事会议，通过了《政府间海事协商组织公约》，旨在鼓励并促进在有关海上安全、航行效率、防止和控制船舶造成海洋污染的问题上普遍采用可行的最高标准。之后国际海事组织陆续研究制定了《国际防止船舶造成污染公约》等多项环境保护国际公约。对船舶设备及防污底系统污染排放控制，船上配备的污染预防、控制、监测、后处理设备，以及港口接收设施、船舶燃料质量、溢油及危化品应急防备的配套提出了要求。

中国于 1972 年召开防治大连、上海等主要港口，以及松花江、黄河、长江、珠江、渤海、东海等水域污染的会议，于 1973 年在交通部（今交通运输部）水运科学研究所筹建了海域防污染研究组，主持完成了青岛黄岛油库污水处理厂，用于接收和处理船舶及港口的含油污水。伴随着中国环境保护法规体系建立和完善的进程，特别是中国陆续加入了国际海事组织一系列环境保护国际公约，开始履行相应的船旗国和港口国义务。一方面，中国内河、沿海和远洋运输船舶按照国内、国际相关法规要求，在船上配备各类船舶污水、船舶垃圾、大气污染物排放的预防、控制、监测、后处理设备，以及污染应急设备，并在港口码头建设过程中配套建设船舶污染物接收和处理设施、清洁能源供应设施。另一方面，开始实施港口国船舶监督和检查制度，对进出中国外轮的船舶防污染设备状况以及船舶污染物排放、接收、处理状况进行检查和监管。此外，中国于 2000 年 3 月发布了《中国海上船舶溢油应急计划》及各海区溢油应急计划，提出了在相关港口规划建设船舶溢油污染防备设备库的计划。

◆ **基本内容**

船舶防污染设备的相关内容包括船舶污染源、造成船舶污染的环节、船舶污染物种类及防污染设备类型等。

船舶污染源

船舶防污染设备所要防治的主要污染源是船舶，包括船体、发动机、推进器、压载系统、燃料系统、防污底系统等全部设备。

船舶污染环节

船舶污染主要产生于船舶航运，包括航行、靠离泊、船舶货物装卸、水上水下作业、锚泊，以及船舶的建造、维修和不当拆解的全过程。

船舶污染物种类

船舶防污染设备所要防治的污染物种类主要包括：①船舶含油污水。②化学品洗舱水。③船舶生活污水。④船舶垃圾。⑤船舶大气污染物。⑥船舶噪声及振动。⑦溢油和有毒有害物质泄漏。⑧船舶压载水及沉积物排放外来生物及病原体。⑨船舶防污底系统排放毒害水生生物物质。⑩船舶建造、维修、不当拆解等对环境造成的不利影响。

船舶防污染设备类型

主要包括：①符合国际国内污染排放控制要求的船舶设备及防污底系统。②在船上配备的污染预防、控制、监测、后处理设备。③港口及岸上配套建设的污染物接收处理设施、监管设施。④港口及岸上配套建设的船舶清洁能源供应设施、监管设施。⑤港口及岸上配套建设的船舶安全航行与货物装卸监管设备。⑥港口及岸上配套建设的溢油及危化品应急处置设备及清污设备库等支持系统设备。

◆ 作用

船舶防污染设备针对各类船舶污染源全过程污染排放的预防和控制，包括符合污染控制要求的各类船舶设备、船上和岸上的污染预防控制及监管设备，以及清洁能源供应和清污设备库等支持系统。其建立完善可有力地支撑和保障绿色航运体系的能力建设，对于保护生态环境和人民身体健康，实现航运可持续发展具有重要意义。

第 5 章

船舶性能

船舶性能广义上指船舶各种性能的总和；狭义上指船舶静力性能和动力性能的概括，与船舶的主要尺寸、形状及载装情况等有密切关系。以流体静力学为基础，研究船舶在不同条件下的浮性、稳性及抗沉性等；以流体动力学为基础，研究船舶的快速性、适航性及操纵性等。

船舶浮性

船舶浮性指船舶在各种装载情况下具有漂浮在水面上（或浸没水中）保持平衡位置的能力。

船舶在静水中漂浮时受到两个作用力：一个是船舶本身以及所载物品、人员重量引起的重力，方向垂直向下，它的作用点称为重心；另一个是船外水压力所形成的浮力，方向垂直向上，等于船舶所排开同体积的水的重量，称为排水量，它的作用点位于排水体积的中心，称为浮心。船舶在水面上平衡的条件是：重力等于浮力，重心和浮心位于同一铅垂线上。如果船舶的浮心和重心不在同一铅垂线上，船舶就会倾斜，使排水体积形状及浮心位置改变，直到浮心重新被调整到和重心同一的铅垂线上获得平衡为止。船舶的漂浮状态有正浮、横倾、纵倾和任意倾斜等4种状态。如果船的重心的纵向坐标和横向坐标与浮心的纵向坐标和横向坐标对应相等，船就处于正浮状态（见图），此时船舶的船首、船尾和左、右舷吃水都相等，否则就会产生横倾、纵倾或两者兼有的任意倾斜。一般在设计时要求船舶保持正浮，或略带尾倾。船舶在营运中要进行货物积载计算，控制装载重量和重心位置，以获得良好的浮态。

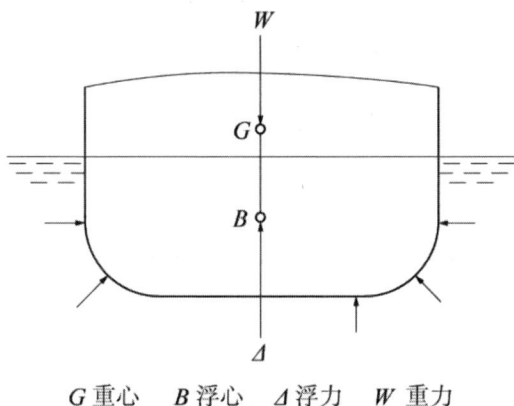

G 重心 B 浮心 Δ 浮力 W 重力

船舶正浮时受力示意图

船体在水面上的漂浮位置或吃水同船的排水量和载重量相关。排水量和载重量的变化会引起吃水的变化。因此，不同的吃水反映了不同的装载量和排水量。船舶在满载吃水下的排水量称为满载排水量，相应的水线为满载水线。考虑到船舶在航行中可能发生的意外重量增加，如海损破舱进水、风浪袭击进水等，满载水线应位于上甲板以下一段距离处，使满载水线以上尚有一定的水密容积，该容积入水后所能提供的浮力称为储备浮力。储备浮力的数值用满载排水量的百分数表示。储备浮力的大小同船舶的安全性和经济性有关。加大储备浮力，船舶不易沉没，能提高船的安全性，但会使船舶的载重量减少，影响经济性。为保证安全，通常由船舶检验机构根据船舶的类型、大小、结构和航区等情况规定一个最小干舷值。为确保储备浮力及便于监督检查，在船舶中央两舷要勘划船舶载重线（又称满载吃水线）。

船舶稳性

船舶稳性指船舶受到风浪等各种外力矩的作用下发生倾斜，当外力矩消除后能自行恢复到原来平衡位置的能力。

根据倾斜方向，船舶有横稳性和纵稳性之分。横稳性指船舶横向倾斜时的稳性，纵稳性指船舶纵向倾斜时的稳性，后者一般不危及船舶的安全。

根据作用力矩的性质，船舶有静稳性和动稳性之分。静稳性指倾斜力矩缓慢作用在船上，船舶倾斜的角速度和角加速度很小，角速度和惯性可以忽略不计；动稳性指倾斜力矩突然作用在船上，船舶以明显的角速度和角加速度倾斜，计及角速度和惯性的稳性。

根据倾角大小，船舶有初稳性（小倾角稳性）和大倾角稳性之分。初稳性指船舶倾斜角度小于 10° ～ 15° 或小于甲板边缘入水角时的稳性；大倾角稳性指船舶倾斜角度大于 10° ～ 15° 或大于甲板边缘入水角时的稳性。

根据船舱是否进水，船舶有完整稳性和破舱稳性之分。完整稳性指船舱完整无破损浸水时的船舶稳性；破舱稳性指船舶破舱进水后的船舶稳性。

船舶抗沉性

船舶抗沉性指船舶在破舱浸水后仍保持一定浮性和稳性而不至于沉没和倾覆的性能。

主要措施是加大干舷，增加船的储备浮力，设置水密舱壁及双层底把船体分隔成若干个水密舱室，一旦某些舱室破损进水，不至于扩展到其他舱室，使船体仍能浮于水面。不因为碰撞、搁浅、触礁等造成破损而沉没。

◆ 基本内容

1912 年 4 月 10 日发生的"泰坦尼克"号海难，死难 1490 人。这一严重事件促成 1914 年《国际海上人命安全公约》的制定。此后各航运国家又多次举行国际会议并修订了这个公约。公约对航行于公海的船舶在抗沉性方面的要求做了详细规定。中华人民共和国船舶检验局发布的《海船抗沉性规范》也做了类似的规定。例如，要求船舶破损后水线不超过舱壁甲板边线以下 76 毫米的安全限界线；两水密舱壁之间的距离不超过许可长度；进水后的剩余稳性高度客船不小于 0.05 米，其他

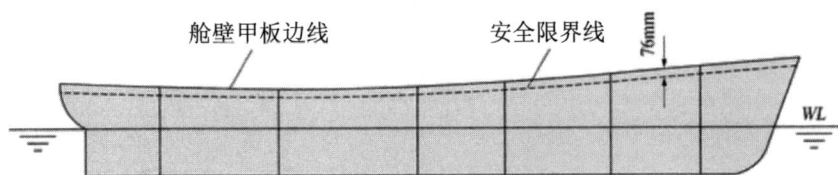

极限破舱水线示意图

船不小于 0；非对称浸水时采取扶正措施后的横倾角客船不超过 7°，其他船不超过 12° 等。对甲板、船壳板、舱壁和双层底的设置和开口密性要求也有详细的规定。

计算可浸长度和许可长度，绘制可浸长度曲线和许可长度曲线是船舶设计中的一项重要工作。许可长度曲线是船舶从抗沉性角度进行合理分舱的依据。可浸长度是船舶满足下沉极限的理论上的最大舱壁间距。许可长度是考虑了破舱后进水体积不同于舱室总容积和各类船舶对抗沉性的不同要求等因素后，确定的实际允许的最大舱壁间距。船舶水密舱室的划分、水密舱壁的数量和间距除与抗沉性有关外，还与强度、制造和使用要求有关。舱壁越多，船的强度和抗沉性越容易得到保证，但是使用和制造不便。为了兼顾各项性能，设计程序是在保证强度的前提下，先按使用要求确定舱壁数量和位置，再按许可长度检查抗沉性。如果两水密舱壁间距小于该处许可长度，表示抗沉性得到保证，否则要再行调整，直至满足要求。

◆ **作用和影响**

保证船舶抗沉性除在设计上采取措施外，还需要驾驶人员的谨慎驾驶，力求避免碰撞事故发生。同时船上还有一系列的发现、抢救、堵漏和排除措施，一旦发生破损事故也可及时脱险，使人命和财产免遭损失。

船舶操纵性

船舶操纵性指船舶对外界干扰或操船人员操纵的反应能力。一艘操纵性好的船舶既能按操纵人员的要求，方便、稳定地保持运动状态，又能迅速、准确地改变运动状态。又称船舶运动性能。

从传统意义上讲，船舶操纵性是船舶按操船人员的意图保持或改变航向的性能。但在实际操纵过程中，海上长距离航行要经常保持船舶的航向；港内航行或避碰时要改变船舶的航向和（或）船速。故人们对传统意义上的船舶操纵性又进行了扩展，不但包括航向控制性能，还包括加速、减速、停船等变速的控制性能。

从物理意义上讲，船舶操纵性也称为船舶运动性能。船舶运动性能分为船舶固有运动性能和船舶控制运动性能两类。其中，船舶固有运动性能是不考虑控制措施（如车、舵、锚、缆绳、侧推器和拖船等）时船舶固有的操纵特性，船舶控制运动性能是考虑控制措施时船舶的操纵特性。按照国际海事组织船舶操纵性标准的要求，船舶操纵性包括航向稳定性、保向性、回转性（旋回性）、初始回转性（应舵性）、首摇抑制性和停船性6种性能。船舶操纵性的优劣可通过实船试验测定的参数进行判别。例如，旋回试验判别船舶的回转性，停船试验判别船舶的停船性。

航向稳定性（course stability）。是船舶在直线航行中因受外力（如风浪）的作用而偏离原航向，当外力消除后，不经过操纵就能逐渐稳定于新航向的性能。它是船舶的固有性能，严格来讲，不属于船舶操纵性范畴。航向稳定性良好的船舶，能降低推进功率的损失，提高船速。

保向性（course-keeping ability）。是船舶保持原航向的性能。即使船舶具有航向稳定性，若不对其进行操纵，一般也不具有保持航迹的性能。因此，保向性是操舵保持船舶直线运动的性能。

回转性（turning ability）。是操满舵使船舶作回转运动的性能。船舶靠离码头，避免触礁、碰撞，掉头操纵等都涉及船舶回转性。对航行于限制航道的船舶、港湾拖船和渡船等尤为重要。回转过程通常分为三个阶段，即转舵阶段、过渡阶段和定常旋回阶段。衡量回转性能好坏的主要有进距、横距、旋回初径、定常旋回直径和横倾角等参数。

初始回转性（initial turning ability）。是船舶对操中等舵角的反应能力，它是衡量船舶改变航向能力的性能。单位距离内航向角变化大或给定航向角变化量时船舶所航行的距离短，初始回转性好，反之则初始回转性差。

首摇抑制性（yaw checking ability）。是船舶操舵转向角速度达到一定时向旋回相反方向操舵，船首向对舵的反应能力的性能，即指操反舵后船首向对舵的响应迅速程度的性能。

停船性（stopping ability）。是船舶在任意前进速度时使用倒车使船舶停止（对水停止移动）的性能。一般分为两种情况：一种是从全速前进操全速后退直至对水停止移动，称为紧急停船性能（crash stopping ability）；另一种是从港内速度操半速或慢速倒车直至对水停止移动，属于正常停船操纵。

为了给操船人员提供更多船舶操纵性，使船舶操纵性有关信息的内容和格式达成一致，1987 年 11 月，国际海事组织大会通过了 A601（15）决议，要求船舶配备引航卡、驾驶台操纵性图及船舶操纵手册 3 种形式的随船资料。引航卡（pilot card）是一种船长与引航员之间关于船舶操纵性能进行信息沟通的资料卡。驾驶台操纵性图（wheelhouse poster）

是一种详细描述船舶旋回性和停船性的图表资料，置于驾驶台显著位置。船舶操纵手册（maneuvering booklet）是详细描述船舶实船操纵性试验结果的手册，它是重要的船舶资料之一。此外，国际海事组织对 100 米

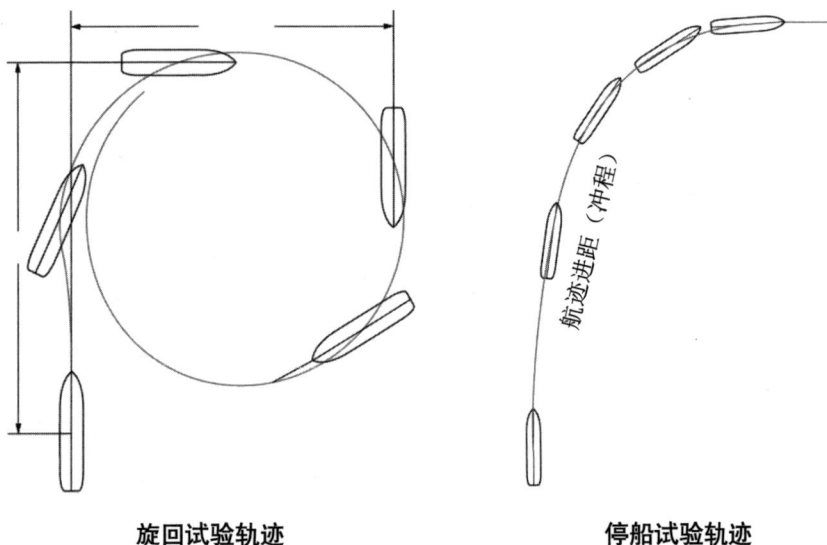

旋回试验轨迹　　　　　　　　　　　　停船试验轨迹

及以上的船舶操纵性标准提出了要求。例如，旋回圈的进距应不超过 4.5 倍船长，相应的旋回初径应不超过 5.0 倍船长；船舶全速倒车停船试验中的航迹进距不超过 15 倍船长。

船舶快速性

　　船舶快速性指船舶在一定主机功率下以较快速度航行的性能，是影响船舶营运效率的一个重要性能。

　　船舶快速性取决于两个因素：船舶运动受到的阻力和船舶推进的

效率。

◆ 阻力

船舶运动时，船体的水线以下部分浸入水中，其余部分则处在空气中。因此，船舶运动时受到的总阻力包括水阻力和空气阻力。由于水的密度远大于空气的密度，因此，水阻力是主要阻力。水阻力按产生的原因，可分为黏性阻力和兴波阻力。

①黏性阻力。由于水的黏性作用引起的阻力，包括摩擦阻力和旋涡阻力。摩擦阻力产生于水对于船体表面的黏附作用，在船舶总阻力中所占比重最大。摩擦阻力对低速船可占总阻力的80%，对高速船也要占50%左右。减小摩擦阻力的途径是缩短船长，减小浸水表面积和提高船体的表面光洁度。旋涡阻力又称形状阻力或黏性压差阻力，它是水流经船体表面时因黏性引起首尾的压力差而形成的，其值同船体尤其是船体尾部的形状有关。如尾部线型过于丰满，就容易产生旋涡，增加旋涡阻力。减小旋涡阻力的途径是加大船舶长宽比和采用流线型船体。

②兴波阻力。船舶航行时兴起的重力波引起的阻力，对高速船特别重要，其大小取决于船的航速及长度。它们的关系可用弗劳德数 Fr 表示：

$$Fr = \frac{v}{\sqrt{gL}}$$

式中 v 为航速（米／秒）；g 为重力加速度（米／秒^2）；L 为船长（米）。如果 Fr 大于0.35，兴波阻力即超过摩擦阻力而居主要地位，但一般运输船舶的弗劳德数都在0.35以下。减小兴波阻力的主要途径是改进船型及改变航行方式。通过系列船模试验研究，现在可以得到兴波阻力较小的船型及合理的船舶主尺度比和船型系数。船舶航行时兴起的波浪一般有首波和尾波两个波系。如果船型选择适当，可以使两个波系产生有利干扰，而使兴波阻力减小，如在船首设一个球鼻也可产生附加波系，使波的干扰有利兴波阻力减小。船舶若能脱离水面腾空航行或潜水航行，则可避免波浪的产生及不产生兴波阻力。

◆ **船舶推进的效率**

为了使船舶能以一定的速度向前行进，必须有一个与阻力方向相反的推力。这个推力通常是依靠推进器推水向后运动而产生的。最常见的推进器是装在船尾部水下的螺旋桨。由于螺旋桨工作时会使一部分水流产生向后和旋转的运动，因而要耗去一部分功率，使螺旋桨的效率在理论上不可能接近 1。同时，由于螺旋桨是在船尾复杂的流场中工作，受到不均匀水流的影响，使效率更低。螺旋桨高速运转时，桨叶上水流压力下降，当下降到水的汽化压力时，水就变成汽，形成气泡，效率进一步下降，使推进效率很低。因此，对船舶推进的研究较为迫切。既要对螺旋桨本身的工作情况进行理论探讨和科学实验，又要分析螺旋桨在船尾水流中的具体工作条件，研究船体对螺旋桨的影响，这样才能设计出接近于理想状态的螺旋桨，使船舶获得尽可能高的推进效率。

快速性良好的船舶，除应具有优秀的船型使航行时产生的阻力最小以外，还须具有良好的推进性能，使主机的功率得到充分利用。研究船舶快速性的方法有理论分析、船模试验和实船测试等。其中船模试验仍是获得船舶快速性资料的主要手段。

船舶耐波性

船舶耐波性指船舶在风浪等外力作用下所产生摇荡运动以及砰击、上浪、失速等现象时仍能保持一定航速安全航行的性能。

船舶的摇荡运动包括横摇、纵摇、首尾摇、垂荡（又称升沉）及其耦合运动，其中以横摇影响最大。剧烈的摇荡对船舶会产生一系列有害的影响：可能使船舶失去稳性而倾覆，使机器和仪表运转失常，使船体构件和设备因负荷增加而损坏，使固定不牢的货物移动，引起旅客晕船、居住条件恶化，使船因螺旋桨工作效率下降和阻力增加而失速等。因此，须在设计阶段就要估算船舶的耐波性能，采取措施以减缓船舶在风浪中的摇荡运动。

船舶摇荡运动的特征一般用摇荡周期和最大摇荡幅度表示。前者是指完成一个全摇程所需的时间，要求适当延长；后者是指船舶从原始位置至最大倾斜位置的夹角，要求尽量减小。延长摇荡周期和减小摇荡幅度有4种方法：①选择适当的船舶主尺度和船体线型。②安装减摇装置，

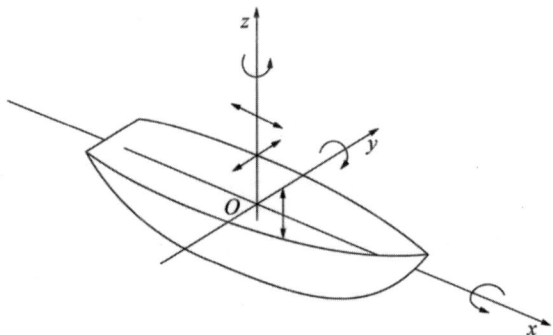

船舶摇荡运动示意图

如舭龙骨、减摇鳍、减摇水舱、陀螺仪等设备。③合理配载船上货物，重心不要太低。④航行中随时调整航速、航向。

船舶主尺度

船舶主尺度是表示船体外形大小的主要尺度，是计算船舶各种性能参数，衡量船舶大小，核收各种费用以及检查船舶能否通过船闸、运河等限制航道的依据。

船舶主尺度根据用途可以分为型尺度、实际尺度、最大尺度和登记尺度等几类，其测量方法各不相同。型尺度为量到船体型表面的尺度，钢船的型表面是外壳的内表面，型尺度不计船壳板和甲板厚度，主要用于船体设计计算。实际尺度是船舶建造和运行时用的尺度，量到船体外壳板的外表面。最大尺度为包括各种附属结构在内的，从一端点到另一端点的总尺度，主要用于检查船舶在营运中能否满足桥孔、航道、船台等外界条件的限制。登记尺度是专门作为计算吨位、丈量登记和交纳费用依据的尺度。

船舶主尺度通常包括船长、船宽、船深、吃水和干舷。如图所示，图中 L_{OA} 为总长，即船首最前端至船尾最后端的水平距离；L_{PP} 为垂线间长，是首垂线和船尾垂线之间的水平距离（首垂线是通过设计水线和首柱前缘交点的垂线；尾垂线是通过尾柱后缘和设计水线交点的垂线。对于没有尾柱的船，尾垂线一般取舵杆中心线）；L_{WL} 为设计水线长，是沿设计水线从首柱前缘至尾柱后缘之间的水平距离；L_r 为登记长度，

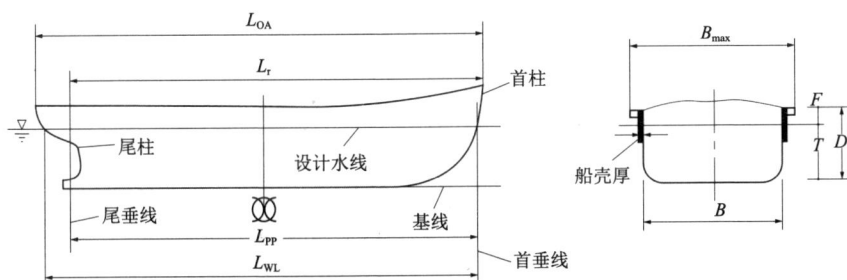

船舶主尺度示意图

是上甲板顶面从首柱前缘至尾柱后缘（如无尾柱，则至舵杆中心线）的水平距离；B_{max} 为最大船宽，是包括一切固定结构物在内的船体最大宽度；B 为型宽，是设计水线面的最大宽度；D 为型深，是船体中横剖面上从龙骨基线到上甲板边线最低点的垂直距离；T 为型吃水，从龙骨基线到满载水线的垂直距离；F 为干舷，沿中横剖面船侧从设计水线到甲板边板顶面边缘的垂直距离，等于型深和型吃水的差值加上甲板厚度。所有这些尺度间的各种比值，如长宽比、宽度吃水比、型深吃水比、长深比、长度吃水比和宽深比等，都称为船舶主尺度比。它们对船舶性能有重要影响，如长宽比大，表示船比较狭长，船舶快速性较好；型深吃水比大，干舷高，储备浮力大，抗沉性好。

船舶吨位

船舶吨位是表示船舶所具有空间的大小。按照《国际船舶吨位丈量公约》中的登记尺度丈量所得的船舶内部容积，单位为立方米（m^3），再根据公式计算得山。

◆ **历史沿革**

船舶吨位的计算起源于 13 世纪，在英法之间有很多商船从事酒的贸易，英国人为便于船舶征税，曾以一定规格的装酒桶桶数表示船舶吨位。1678 年，泰晤士河的造船师以估算公式计算船舶载重量表示船舶吨位。直到 1835 年，开始采用测量的船舶内部容积表示船舶吨位。1854 年，英国商船法采用吨位丈量总监 G. 莫尔斯姆（George Moorsom）提出的莫尔斯姆法（Moorsom System）计算船舶容积。莫尔斯姆用他的方法丈量了当时英国的商船，得到以立方英尺表示的船舶总吨位，再从总吨位中减去不盈利的空间得到有效的载货容积，并将其与这些船舶按旧的丈量方法得到的净吨位相比较，得到 98.22 立方英尺相当于一吨位。为便于计算起见，取 100 立方英尺为一吨位。2.83 立方米近似于 100 立方英尺。

从此，世界各个国家和地区都以英国的方法为基础，制定或修订各自的船舶吨位丈量规则。由于各国采用这种方法时均作一定修改和补充，各自的船舶吨位丈量规则也有区别。同一艘船舶按不同的规则丈量，结果就不相同。政府间海事协商组织（今国际海事组织）为了统一国际航行船舶的吨位丈量，于 1969 年在伦敦举行大会制定了《国际船舶吨位丈量公约》。公约附则规定了船舶总吨位和净吨位计算公式，改革了原来冗繁的丈量方法，删除了过去使用的术语船舶登记吨位（register tonnage）、船舶总登记吨位（gross register tonnage; GRT）、船舶净登记吨位（net register tonnage; NRT）的"登记（register）"。该公约于 1994 年全面生效，明确了总吨位和净吨位的计算公式。

中国于 1959 年 1 月 1 日发布了《船舶吨位丈量规范》。在《国际船舶吨位丈量公约》实施后，中国于 1980 年 12 月 31 日加入该公约。

◆ 分类

船舶吨位分为船舶总吨位（gross tonnage; GT）和船舶净吨位（net tonnage; NT）。其中，船舶总吨位，简称船舶总吨，是丈量船舶内部总容积后经公式计算得出。船舶总吨位的主要用途：国家及企业统计船队规模和比较船舶大小；国际公约、规则和规范划分船舶等级，对船舶进行技术管理和设备要求；船舶登记、检验和丈量等收费；估算造船、买卖及租赁船舶所需费用；保险公司计算船舶保险费用及计算海损事故赔偿费；国际劳工组织对船舶配员要求；计算船舶净吨位。船舶净吨位，简称船舶净吨，是丈量船舶内部有效容积后，结合总吨位，经公式计算得出。船舶净吨位是从总吨位中减去不能用于载货、载客的容积后的容积。净吨位是船舶税收和各种港口使用费（如港务费、引航费、拖轮费、靠泊与进坞费等）的主要依据。此外，苏伊士运河、巴拿马运河管理当局制定了船舶总吨位和净吨位，即运河总吨位、运河净吨位。船舶通过苏伊士运河、巴拿马运河的通行税以运河净吨位为依据。

船舶载重吨

船舶载重吨指船舶在营运中所具有的载重能力。不包括船舶自身的重量，计算单位为吨。又称船舶载重量。

船舶载重吨分总载重吨（deadweight; DW）和净载重吨（net deadweight; NDW）。其中，总载重吨是指船舶在密度为 1.025 的海水中，吃水达到满载水线时所装载的最大重量，一般为夏季载重线的载重量。总载重吨包括货物、旅客、燃油、润滑油、淡水、备品、物料、船员和行李及船舶常数等的重量。吃水不同，总载重吨也有所不同。净载重吨是指船舶载运货物和旅客最大限度的重量。即净载重吨为总载重吨减去燃油、润滑油、淡水、备品、物料、船员和行李及船舶常数后的重量。因此，船舶在营运中需精确算好消耗品数量，以求最大限度地增加净载重吨。一般来说，船舶载重吨指的是总载重吨。

船舶载重吨是货船和客货船的重要设计指标。货船的载货量通常是船舶总重的 40% ~ 60%，客货船的载货量通常是船舶总重的30% ~ 40%。对客货船来说，除载货量外，还要满足载运旅客人数即载客量这一重要设计指标。

船舶载重吨与船舶排水量不同。满载排水量是船舶满载时的总重量，为船舶本身的重量与船舶载重吨之和。空船排水量是船舶本身重量，为空船自由浮于静水面时所排开水的重量。满载排水量减去空船排水量等于船舶载重吨。船舶载重吨和满载排水量的比值称为载重量系数，其大小同船舶的类型、尺度、结构、主机类型、航速等有关。载重量系数是评价船舶设计技术先进程度的重要数据。在同一排水量下，载重量系数越高，船舶装载能力越大，船舶经济效益将越好。

船舶载重线

船舶载重线是按照船舶航行区带、区域和季节而定的船舶满载水线，是船舶在最大容许载重情况下自由浮于静水面时，船体表面与水面的交线。又称满载吃水线。

　　船舶检验机构按《国际船舶载重线公约》和本国船舶载重线规范的规定（如《钢质海船入级规范》《国内航行海船入级规则》《内河船舶入级规则》等）勘定，从而保障船舶航行安全和发生海损时仍然保持一定的储备浮力。

　　船舶载重线勘划在船舶中部两舷的外板上，以表明船舶最大载重的位置。载重线上边缘至上甲板边板顶面的垂直距离为最小干舷。载重线上边缘至龙骨基线的垂直距离为最大吃水，即船舶满载吃水。船舶载重线标志上注有代表船舶检验机构名称的符号。中国各省、自治区、直辖市船舶检验机构采用"中船"二字汉语拼音的首字母"ZC"；中国船级社采用"Classification Society"两个单词的首字母"CS"。此外，国内航行船舶和国际航行船舶的各条载重线的标记和圆环标志也有所不同。

航行船标记及表示意义一览表

中国航行船舶的标记	国际航行船舶的标记	表示意义
X	S	夏季载重线
R	T	热带载重线
Q	F	淡水载重线
RQ	TF	热带淡水载重线
	W	冬季载重线
	WNA	冬季北大西洋载重线

　　载重线标志（load line mark）由外径为300毫米、宽为25毫米的圆环，长为450毫米、宽为25毫米的水平线和各条载重线组成。水平线的上边缘通过圆环中心。圆圈中心位于船舶两舷的船长中点处，从甲

板线上边缘垂直向下量至圆圈中心的距离等于所核定的夏季干舷。圆圈、线段和字母在深色底漆上用白色或黄色油漆标绘；在浅色底漆上面用黑色油漆标绘。载重线标志永久地勘划在船舶的两舷，并能清晰可见。

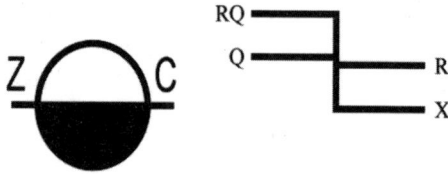

海船载重线标志

内河船载重线标志

为了避免船舶超载，导致干舷不足和船舶海难事故发生，英国议员、航运改革者 S. 普利姆索尔（Samuel Plimsoll）在 1876 年创立载重线，所以载重线标志也称为"Plimsoll mark"。

当船舶装货港与卸货港处于不同航行区域或季节时，需根据国际载重线海图（chart of zones and seasonal areas）限制船舶的载货量。国际航行船舶在中国水域航行时，也需根据中国国内航行船舶航行区域与季节划分的规定，防止船舶水线超过载重线。

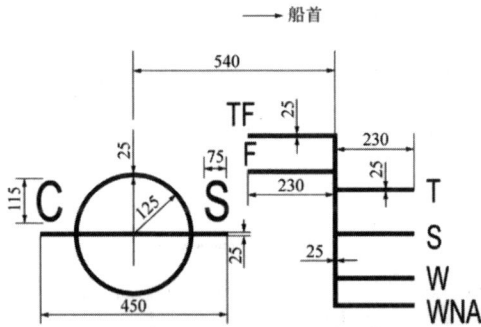

国际船舶载重线标志

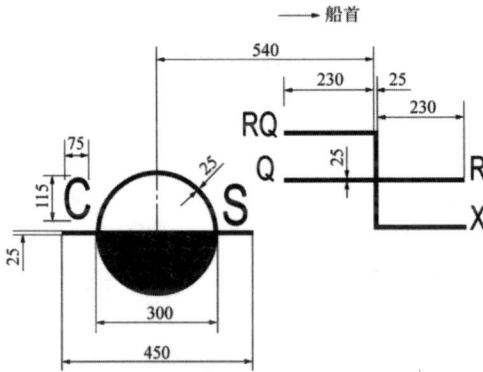

中国船舶载重线标志

第6章

船舶设备及系统

船舶动力装置

船舶动力装置是为保证船舶正常营运而设置的动力设备及相关装置。主要包括主动力装置、辅助动力装置、其他辅机和设备等。

◆ 主动力装置

主动力装置是为船舶提供推进动力的主机及其附属设备，是全船的"心脏"。主动力装置以主机类型命名，主要有：蒸汽机动力装置、汽轮机动力装置、柴油机动力装置、燃气轮机动力装置、联合动力

船舶主动力发动机

装置和核动力装置等。现代运输船舶的主机以柴油机为主，在数量上占绝对优势。蒸汽机曾经在船舶发展史上起过重要作用，现今几乎全被淘汰。汽轮机在大功率船上长期占有优势，但也日益为柴油机所取代。燃气轮机和核动力装置仅为少数船舶所试用，尚未得到推广。

蒸汽机动力装置

1807 年，美国工程师 R. 富尔顿（Robert Fulton，1765 ～ 1815）首次在"克莱蒙特"号明轮船（在船两侧设置大轮桨并用蒸汽机转动的船被称为明轮船）上用蒸汽机作为推进动力获得成功。当时采用的是一台 20 马力的单缸摇臂式往复蒸汽机，获得每小时 5 英里的航速。经过不断改进，到 19 世纪末，蒸汽机发展成为多级膨胀的立式装置，用以驱动螺旋桨，成为当时典型的船舶动力装置。同时，高效、高压的水管锅炉也逐渐取代了早期圆筒式苏格兰烟管锅炉。20 世纪初，航行于大西洋上的巨型豪华客船都以往复式蒸汽机为动力，单机功率达 20000 马力。蒸汽机动力装置的发展达到了顶峰。

蒸汽机动力装置的优点是结构简单，造价低廉，管理使用方便，制造工艺要求不高；缺点是热效率低，本身重量大，特别是大功率蒸汽机的活塞、连杆等运动部件运转惯性很大，很难平衡，且低压缸尺寸过大，不能获得有效的真空度。因此，自从汽轮机动力装置和柴油机动力装置在船上试用成功以后，蒸汽机动力装置即逐渐被淘汰。第二次世界大战期间，美国为应付战时紧急需要而建造的"自由轮"，是最后一批使用蒸汽机动力装置的远洋运输船舶。

汽轮机动力装置

1896 年，英国人 C.A. 帕森（Charles Algornon Parsons，1854 ～ 1931）成功地将他发明的汽轮机作为推进动力机应用于一艘快艇上，试航速度达每小时 34.5 海里。此后，汽轮机广泛用于大功率船上。早期用汽轮机直接驱动螺旋桨，不经过减速。为了使螺旋桨能在理想的转速下工作，后来在汽轮机动力装置上加装了减速齿轮，使汽轮机和螺旋桨都能以各自的最佳速度运转。到1916年，几乎所有的船用汽轮机都采用了减速装置，减速比由初期的1：20提高到1：80以上。采用减速装置以后，汽轮机可以更高的速度运转，效率大为提高，机体尺寸相应缩小，整个装置更加紧凑，重量也大为减轻，螺旋桨工作效率也大大提高，使汽轮机成为理想的大功率船用动力装置，至今某些大型客船、超级油船和高速集装箱船等仍采用汽轮机动力装置。汽轮机的优点是单机功率大，使用可靠，运转平稳，无振动和噪声，检修工作量小，锅炉可燃用劣质油。但汽轮机油耗比柴油机高，即使采用再热循环的汽轮机装置，每马力小时的油耗仍达180～190克，比低速柴油机高40%左右。柴油机由于单机功率、燃烧劣质油的能力和可靠性的提高，逐渐取代了汽轮机。

柴油机动力装置

20世纪初，柴油机开始用于运输船舶。第一艘远洋柴油机船是1912年丹麦建造的"锡兰迪亚"号，主机为两台四冲程八缸柴油机，共1250马力，每分钟140转，直接驱动两个螺旋桨。1914年柴油机船占全世界船舶总吨位0.5%，到1940年上升为20%以上。

柴油机动力装置的最大优点是热效率高，燃料消耗明显低于蒸汽机动力装置。长期以来，柴油机动力装置有一系列改进，主要有：①20世纪20年代出现以机械喷油取代用压缩空气喷油的方法。②同一时期试制成废气涡轮增压器，提高了柴油机的功率和性能。③30年代开始燃烧重质柴油，降低了燃料费用。早期柴油机的功率不大。第一次世界大战时期用于商船的最大柴油机功率仅4000马力。第二次世界大战前，单机功率达到20000马力。现代船用柴油机大部分为低速机，转速约每分钟100转，可直接驱动螺旋桨。80年代初，出现了长冲程和超长冲程的低速机，每分钟转速降到70转以下，使螺旋桨发挥最佳效率。但低速机外形尺寸和重量大。单机功率接近10.9万马力的低速柴油机长27.3米，高13.5米，装机总重2466吨。第二次世界大战后出现的大功率的中速机被逐渐应用于船上。它将汽缸排列成V字形，采用减速齿轮，既大大减轻了机身重量，又有利于提高螺旋桨效率。中速机由于机身短小，可以减少机舱的面积和高度，因此特别适用于尾机舱船和机舱位于甲板下的滚装船和载驳船等。经过不断的改进，柴油机动力装置日臻完善，它的燃料消耗量最低，能使用廉价的渣油，可靠性较高，检修期间隔长达30000小时以上，热效率接近50%，因此成为现今应用最广的船舶动力装置。

随着电控喷射及共轨等新技术的产生，电喷柴油机的应用日趋广泛。电喷柴油机对喷油系统进行控制，实现喷油量以及喷油定时随运行工况的实时控制。采用转速、油门位置、喷油时刻、进气温度、进气压力、燃油温度、冷却水温度等传感器，将实时检测的参数同时输入控制器，与设定的参数值或参数图谱（MAP图）进行比较，经过计算按照最佳值或计算后的目标值把指令送到执行器。执行器根据控制器的指令控制喷油量（供油齿条位置或电磁阀动作持续时间）和喷油正时（正时控制阀开闭或电磁阀关闭始点），同时对废气再循环阀、预热塞等执行机构进行控制，使柴油机运行状态达到最佳。

燃气轮机动力装置

燃气轮机动力装置在 20 世纪 50 年代开始用于船舶。主要用于军用舰艇。同柴油机和汽轮机比较，燃气轮机单机功率大、体积小、重量轻、加速性能好，能随时启动并很快发出最大功率。燃气轮机在高温、高压下工作，对燃油质量要求很高，热效率也比柴油机低得多，因此在民用运输船舶上应用不多，仅在某些气垫船上用于驱动空气螺旋桨。

联合动力装置

联合动力装置是为满足军用舰艇的需要，将蒸汽、柴油、燃气 3 种动力联合作为船舶的推进装置。联合动力装置的型式有蒸燃联合、柴燃联合、燃燃联合等。这几种联合动力装置在商船上应用极少。此外还有一种联合动力装置即电力推进装置。这种装置是船舶柴油机驱动发电机发电。其中，双燃料发动机是联合动力装置中应用较广泛的一类。常见的双燃料发动机包括汽油发动机和柴油发动机，是指既可使用汽油／柴油为燃料，也可以使用液化气等清洁能源为燃料的发动机，满足了能源节约和环境保护的要求，具有很大的发展前景。

核动力装置

核动力装置是以反应堆代替普通燃料来产生蒸汽的汽轮机装置。反应堆中核裂变产生的大能量，被不断循环的冷却水吸收，后者又通过蒸汽发生器将热量传给第二个回路中的水，使之变为蒸汽后到汽轮机中做功。

核动力装置主要用于大型军舰和潜艇。1959 年，美国在客货船"萨凡那"号上试用功率 20000 马力核动力装置成功；1960 年，苏联在破冰船"列宁"号上采用核动力装置，功率 44000 马力。此后，联邦德国（今德国）和日本也分别建造了核动力商船。这些船在试航一段时间后，出于法律和民意上的原因停驶。人们担心放射性物质污染航道、港口和城市环境，因此很多港口拒绝核动力船进港。对核燃料使用后的核废料也还缺乏妥善处理办法。这些民用核动力船现都已装为常规动力装置船。

◆ 辅助动力装置

辅助动力装置是为全船提供电力、照明和其他动力的装置，如发电机组、副锅炉等。发电机组是船上最重要的辅助动力装置。蒸汽机船上的发电机组由蒸汽机驱动（有时用小型汽轮机驱动），但容量较小，以供照明电源为主。在汽轮机船上，发电机组由汽轮机驱动，为全船电气设备提供电源。这种汽轮发电机组大部分已系列化，容量从 500 千瓦到 2500 千瓦不等，可以自由选择。在柴油机船上，有 2～3 台发电机组，由单独设置的中速或高速柴油机驱动。容量据全船电动机械设备的数量确定，普遍采用 400 伏三相交流电，频率有 50 赫兹和 60 赫兹两种。副锅炉在蒸汽机船和汽轮机船上是供停泊时使用，在柴油机船上供平时取暖和加热用。柴油机船上的副锅炉的燃料可以是燃油，也可以利用柴油机排出的废气所产生的蒸汽。除发电机组和副锅炉外，由于现代船上液压机械设备的驱动需要，还设有液压动力装置，其主要部件为液压油泵，可以用电动机或单独的柴油机驱动。

◆ **其他辅机和设备**

随着运输船舶性能上的不断完善，船上的辅机和设备也日趋复杂，最基本的有：①舵机、锚机、起货机等辅助机械。这些机械在蒸汽机船上用蒸汽作为动力，在柴油机船上先是采用电动，现多数已改用液压驱动。②各种管路系统。如为全船供应海水和淡水的供水系统，为调节船舶压载用的压载水系统，为排除舱底积水用的舱底水排出系统，为全船提供压缩空气用的压缩空气系统，为灭火用的消防系统等。这些系统所采用的设备如泵和压缩机等绝大部分是电动的，并能自动控制。③为船员和旅客生活服务的取暖、空调、通风、冷藏等系统。这些系统一般都能自动调节和控制。

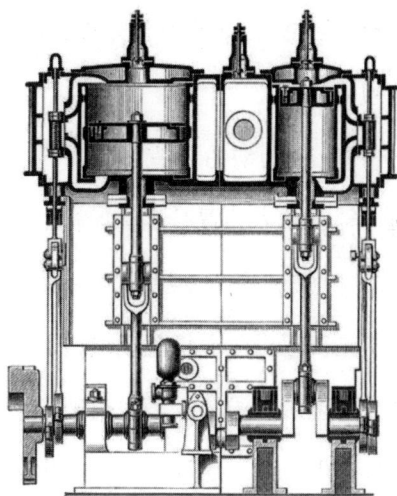

船舶推进器示意图

船舶推进器

船舶推进器是把自然力、人力或机械能转换成船舶推力的能量转换器。按作用方式可分为主动式和反应式两类。靠人力或风力驱船前进的纤、帆等为主动式，桨、橹、明轮、喷水推进器、螺旋桨等为反应式。现代运输船舶大多采用反应式推进器，应用最广的是螺旋桨。

◆ **明轮**

明轮是蹼轮局部浸没于水中的推进器。其水平轴沿船宽方向装置于船体水线之上，轮的周缘装若干蹼板。蹼板分定蹼和动蹼两种。定蹼式蹼板沿径向固接于轮辐上，蹼板在入水和出水时击水消耗能量大，效率低。动蹼式蹼板可调节入水和出水角度，效率较高。明轮因机构笨重，占用空间大，风浪中不易操纵，容易损坏，已为螺旋桨所取代。

◆ **喷水推进器**

喷水推进器是一种水力反作用式推进器。用装于船内的水泵自船底吸水，经喷管向后喷射受到水的反作用力而产生推力。其机械部分装于船内，得到良好保护。喷管方向可变，便于船舶操纵。但喷管因直径受限制，管路及水泵效率不高，所以整个系统效率较低，又因水泵及喷管中有水增加了船舶重量，所以很少使用。

◆ **吊舱推进装置**

吊舱推进装置是将主推进动力传动装置安装在船体外的吊舱内，并直接驱动吊舱外的螺旋桨。其核心是将主推进动力传动装置与螺旋桨直接组合为一体，并安装在船外向船提供推进动力。吊舱式推进有如下优点：①由于推进装置与原动机装置不需要刚性连接，使总体和推进动力系统设计更加灵活。②推进装置吊舱能360°全方位旋转，舵效应好，便于实现舵桨合一。③推进装置安装于船体外，可节省机舱的有效使用空间。④具有良好的倒车性能和操纵性能。⑤推进电机布置于船外水下，振动及噪声均有改善，而且螺旋桨对船体感应激励非常低。⑥船体附件阻力小，螺旋桨所处的伴流区位置好，给定航速条件下可减少推进功率。但吊舱式推进也存在如下不足：①密封性存在隐患。螺旋桨附近的轴承产生的热量如果不及时被带走，密封容易被破坏而导致海水进入吊舱内。②能量的两次转换损失了部分经济性。根据试验结果，效率大约减少了8%。③增加了船舶建造投入。为了保证在最大用电量的时候，柴油机发电量能够满足需求，就需要装备更多的原动力设备。④发生故障需要大修时比较困难，一般需要船舶进坞处理。⑤由于电动机的转矩受限制，大功率时需要较高的转速，导致不能实现最优螺旋桨效率。

这 3 种装置已分别在船舶吨位从 400 ～ 70000 吨的不同类型民用船舶和军用辅助船舶中得到比较广泛的应用。

船用螺旋桨

船用螺旋桨由桨毂和若干径向地固定于毂上的桨叶所组成的推进器。又称车叶。

◆ 历史沿革

螺旋桨安装于船尾水线以下，由主机获得动力而旋转，将水推向船后，利用水的反作用力推船前进。螺旋桨构造简单、重量轻、效率高，因在水线以下而受到保护。

普通运输船舶有 1 ～ 2 个螺旋桨。

船用螺旋桨

推进功率大的船，可增加螺旋桨数目。大型快速客船有双桨至四桨。螺旋桨一般有 3～4 片桨叶，直径根据船的马力和吃水而定，以下端不触及水底，上端不超过满载水线为准。螺旋桨转速不宜太高，海洋货船为每分钟 100 转左右，小型快艇转速高达每分钟 400～500 转，但效率将受到影响。螺旋桨材料一般用锰青铜或耐腐蚀合金，也可用不锈钢、镍铝青铜或铸铁。

1843 年，美国海军建造了第一艘螺旋桨船"浦林西登"号。1845 年，一艘明轮船和一艘螺旋桨推进船进行了一次比赛，有螺旋桨的船轻易取得胜利，随后愈来愈多的螺旋桨推进方式在船上取代了明轮。自 20 世纪 60 年代以来，船舶趋于大型化，使用大功率的主机后，螺旋桨激振造成的船尾振动、结构损坏、噪声、剥蚀等问题引起各国的重视。螺旋桨激振的根本原因在于螺旋桨叶负荷加重，在船后不均匀的尾流中工作时容易产生局部的不稳定空泡，从而导致螺旋桨作用于船体的压力、振幅和相位都不断变化。世界上最大直径的船用螺旋桨是为 40 万吨矿砂船配套的，它的直径是 11.2 米，成品重量 71.86 吨，4 叶。

◆ 分类

在普通螺旋桨的基础上，为了改善性能，更好地适应各种航行条件和充分利用主机功率，发展了以下几种特种螺旋桨。

可调螺距螺旋桨

可调螺距螺旋桨简称调距桨。可按需要调节螺距，充分发挥主机功率，提高推进效率，船倒退时可不改变主机旋转方向。螺距是通过机械或液力操纵桨毂中的机构转动各桨叶来调节的。调距桨对于桨叶负荷变化的适应性较好，在拖船和渔船上应用较多。对于一般运输船舶，可使船一机一桨处于良好的匹配状态。但调距桨的毂径比普通螺旋桨的毂径大得多，叶根的截面厚而窄，在正常操作条件下，其效率要比普通螺旋桨低，而且价格昂贵，维修保养复杂。

导管螺旋桨

导管螺旋桨是在普通螺旋桨外缘加装一机翼形截面的圆形导管而成。此导管又称柯氏导管。导管与船体固接的称固定导管，导管被连接在转动的舵杆上兼起舵叶作用的称可转导管。导管可提高螺旋桨的推进效率，这是因为导管内部流速高、压力低，导管内外的压力差在管壁上形成了附加推力。导管和螺旋桨叶间的间隙很小，限制了桨叶尖的绕流损失。导管可以减少螺旋桨后的尾流收缩，使能量损失减少。但导管螺旋桨的倒车性能较差。固定导管螺旋桨使船舶回转直径增大，可转导管能改善船的回转性能。导管螺旋桨多用于推船。

串列螺旋桨

串列螺旋桨是将 2 个或 3 个普通螺旋桨装于同一轴上，以相同速度同向转动。当螺旋桨直径受限制时，它可加大桨叶面积，吸收较大功率，对减振或避免空泡有利。串列螺旋桨重量较大，桨轴伸出较长，增加了布置及安装上的困难，应用较少。

对转螺旋桨

对转螺旋桨是将 2 个普通螺旋桨一前一后分别装于同心的内外两轴上，以等速反方向旋转。因可减小尾流旋转损失，故效率比单桨略高，但其轴系构造复杂，大船上还未应用。

直叶推进器

直叶推进器由4～8片垂直的桨叶组成。直叶推进器上部呈圆盘形，桨叶沿圆盘周缘均匀安装，圆盘底与船壳板齐平相接。圆盘转动时，叶片除绕主轴转动外，还绕本身的垂直轴系摆动，从而产生不同方向的推力，所以可使船在原地回转，不必用舵转向，船倒退时也不必改变主机转向。但因机构复杂，价格昂贵，桨叶易损坏，仅用于少数港务船或对操纵性能有特殊要求的船上。

随着船舶大型化及航速的增加，螺旋桨的负荷增大，对船舶振动的控制要求将更高。现代船用螺旋桨的研究人员将从船用螺旋桨的结构、安装方法、控制方法等方面对其进行研究改进，以实现船用螺旋桨的轻便、高效、节能。

船舶辅机

船舶辅机是指船舶主机和蒸汽动力装置船舶的主锅炉以外的所有船舶机械设备。

驱动船舶辅机的原动机包括内燃机、蒸汽机、汽轮机、电动机、液压电机、气动电机等，有些小型或应急用的辅机可以是人力驱动，有些辅机可以直接由船舶主机轴带驱动。

根据船舶类型和主机种类不同，船舶辅机包含的设备不尽相同，但主要包括：各种船用泵、空气压缩机和通风机等气体压送机械，起重机、锚机和舵机等甲板机械，油和水的净化装置、防污染装置、各种热交换器、海水淡化装置、制冷和空气调节装置、辅助锅炉及发电机组等。

根据舰船总体设计及动力装置需求来配置船舶辅机，总体要求是工作可靠、性能优良、效率高、重量轻、体积小等。为确保航行安全，部分船舶辅机如舵机、发电机组、消防泵等应依照有关

船头甲板上架设船舶辅机的集装箱船

规范要求设置备用应急装置。随着科学技术的进步，船舶辅机正朝着标准化、系列化、小型化、自动化和模块化方向发展。

舵设备

舵设备是用以改变和保持船舶航向的设备。主要由舵叶、转舵装置、舵机、操舵装置和传动装置等部分组成，其中舵机和转舵装置安装在船尾。

◆ 分类

按驱动动力不同，可分为人力舵设备、蒸汽舵设备、电动舵设备与电动液压舵设备。液压舵设备具有体积小、重量轻、转矩大、灵敏度高等特点，工作平稳安全可靠，能缓冲风浪对舵叶的冲击，运转噪声低、振动小，而且可实现无级变速，功率的范围广。所以现代化的大中型船舶上，广泛采用电动液压舵设备。船舶航行时，通过操舵装置转动舵叶，

使水流在舵叶上产生横向作用力，为船舶提供回转力矩，从而使船舶保持航向或回转。

◆ **构造**

舵是由桨演变而来的。早期的船是用装在船尾的桨来控制航向。后来将桨固定在船尾中线处，成为可转动的专用舵。舵由舵叶和舵杆两部分组成。舵的种类很多。

通常形式的舵

根据舵叶的剖面形状区分，有平板舵和流线型舵。平板舵的舵叶由金属板或木板制成，水平剖面呈直线形，结构简单。这种舵在帆船上广泛使用。流线型舵的舵叶以水平隔板和垂直隔板作为骨架，外覆钢板制成水密的空心体，水平剖面呈机翼形。这种舵阻力小，升力大，应用广泛。根据舵杆轴线在舵叶上的位置区分，有平衡舵、不平衡舵和半平衡舵。平衡舵的舵杆轴线在舵叶靠中前位置，舵压力中心至舵杆轴线的距离较小，所需转舵力矩也小，从而可减少转舵所需的舵机功率。它的缺点是舵在工作时容易摆动，对航向稳定性不利。不平衡舵的舵杆轴线在舵叶导边处，舵压力中心至舵杆轴线的距离较大，所需转舵力矩也大。半平衡舵是舵叶上半部分为不平衡舵，下半部分为平衡舵。不平衡舵和半平衡

舵模型

舵有利于保持航向的稳定性，但需要较大的舵机功率。

根据舵的支承方式区分，有多支承舵、双支承舵、悬挂舵、半悬舵。多支承舵的舵叶由几个舵销同舵柱连接，一般为不平衡舵。双支承舵的舵叶有上、下两个支承件。悬挂舵的舵叶悬挂于船体下面，无下支承，舵杆受弯矩大，常用作多舵船的边舵。半悬舵的舵叶上半部连接在舵柱上，下半部呈悬挂状。根据舵板数量区分，有单板舵和双板舵。单板舵的舵叶由一层平板构成，结构简单，航行时阻力较大，转舵后产生的舵压力较小，性能较差。双板舵又称复板舵，舵叶由两层板制成，性能较单板舵好。

特殊形式的舵

为改善船舶操纵性能和推进效率，船上常设置一些特殊形式的舵。主要有：①导流罩舵。在舵叶中部正对螺旋桨轴线处装有一个流线型的导流罩，导流罩改善了螺旋桨后水流情况，可以提高推力和减小船尾振动。②襟翼舵。整个舵叶由主舵叶和襟翼组成，转舵时襟翼的转角可大于主舵叶的转角，方向可以变换，从而提高舵效或减小舵杆扭矩。③反应舵。舵叶前部有向左右舷相反方向扭曲的部分，对经螺旋桨的水流可起导流的作用，从而减小阻力，增大推力。④主动舵。在舵叶后端装有小螺旋桨或导管推进器，转舵时可发出推力，增加船舶的转向能力，也可用以推船缓行。⑤反射舵。由螺旋桨两侧各一块可绕轴旋转的弧形片组成，弧形片的旋转可独立控制，按其相对位置，在螺旋桨不逆转的情况下，将尾流导向某一方向或变向，使船舶转向或倒航。⑥差动舵。由多舵叶组成，利用各舵叶的不同转动角度把尾流导向一侧，以提高船舶转向能力。⑦喷射舵。舵叶内装有导管，后端开有喷口，利用从喷口高速喷出水流的作用来提高船舶的回转性能。⑧并联舵。在同一螺旋桨尾流中由两个同步转动的舵并联而成，可以增大舵面积，提高舵效。⑨多叶舵。一根舵杆上装有两个或两个以上舵叶，作用与并联舵同。

◆ 安装位置

舵通常安装在船尾螺旋桨后面，可以利用螺旋桨尾流提高舵的效率。装在螺旋桨前面的舵，称倒车舵。装在船首部的舵，称首舵，用以改善船舶倒航时的操纵性。多舵船上，位于船体中纵剖面的舵称中舵；位于两侧的称边舵。气垫船、水翼船等离开水面航行的船，船体上部设空气舵操纵船舶。水下航行的船设水平舵控制船舶升降。

◆ 舵型选择

舵型的选择，取决于船舶的类型、大小、尾型和推进装置的类型。舵的数量和舵面积的大小对船舶操纵性影响很大。海船通常采用单舵，内河船则因航道弯曲而复杂常设有 2 ～ 3 个舵。舵面积一般根据船型、螺旋桨和舵的数目、船长和满载吃水等确定。舵面积的大小，一般用舵面积比（舵面积与船舶长度和设计吃水乘积之比）表示。海船单螺旋桨单舵的舵面积比为 1.6% ～ 2.2%，双螺旋桨单舵的舵面积比为 1.5% ～ 2.5%；油船的舵面积比为 1.3% ～ 2.0%；沿海船的舵面积比为 2.3% ～ 3.3%，内河船的舵面积比为 2.1% ～ 5.0%。

◆ 操舵装置

舵转动时产生的回转力矩的大小取决于舵角，即转舵后舵叶与正舵位置的夹角。当舵角为0°或90°时,回转力矩等于零,当舵角为37°时,回转力矩达到最大值。通常将最大舵角控制在35°以内,该舵角称为有利舵角。

将舵转至所需角度的装置为操舵装置,可分为人力操舵装置和动力操舵装置两类。主要由通常设于船舶尾部的舵机、设在驾驶台的操纵装置和传动装置组成。舵机是转动舵的机械,有电动液压舵机和电动机械舵机。操纵装置是使舵机能按照驾驶者意图及时地、准确地将舵转到所需舵角上的装置,有电力式、液压式、电动液压式和机械式等多种。传动装置是连接舵机和操纵装置的机构。现代大型船舶已广泛使用自动操舵仪,历史上自动操舵仪经历了机械自动舵、模糊控制(PID)自动舵、自适应自动舵三代的变化。

锚泊设备

锚泊设备是供船舶抛锚停泊用的设备。由锚、锚链等锚具和锚的收放设备组成。其中,收放设备包括锚链筒、止链器、弃链装置和锚机(绞盘)等。其主要作用是锚泊、抛锚制动、用锚固定搁浅船舶并协助脱险,以及船舶在大风浪中失控时用拖锚或拖链的方

船锚

式滞航以争取时间改善处境等。

◆ 锚具

锚

锚的种类很多，主要有海军锚、霍尔锚、斯贝克锚、大抓力锚、多爪锚、犁锚等多种，甚至用水泥块带链抛入水中也能起到锚的作用。锚在抛入水中后能啮入水底土中，与锚链共同作用产生抓力，从而使船停泊在某一水域。现使用最广的为以霍尔锚为代表的无杆锚。

锚链

连接锚和船体的链条，主要用于传递锚的抓力。卧底与悬垂的锚链也能产生一定的滞留力。锚链由许多个链环连接而成，大小以链径表示。

根据链环中间有无撑档，分有档锚链和无档锚链。锚链可用锻造、铸造和焊接等方法制成。大链径的锚链过去都是铸造的，现已逐渐改用焊接制造。船用锚链由若干节组成，每节长 25.0 ～ 27.5

锚链

米，节与节之间用连接链环或连接卸扣相连。不用锚时，锚链贮存在船首部的锚链舱中。

◆ 收放设备

锚链筒

锚链筒是锚链进出和收藏锚干的孔道。由甲板链孔、舷边链孔和筒体组成。位于船舶端部，斜穿并连通甲板和外板，保证锚链由锚链舱顺畅地收放。

止链器

止链器是抛锚后将锚链止住，以免起锚机受力的装置。

弃链装置

弃链装置又称脱链装置。船舶锚泊时，当锚爪钩到水下障碍物而无法起锚时，或因停泊水域过深以及因水流过急，锚链不断滑出而锚机失去控制时，为保证船舶安全，应采取紧急而必要的弃链措施，将锚链根端迅速脱开而弃链。弃链装置主要有脱钩式弃链装置、短链脱钩式弃链装置及甲板弃链器等。

锚机（绞盘）

锚机（绞盘）由安装在船首（尾部）甲板上，由链轮、绞缆滚筒、离合器、减速箱和驱动电机等组成，也有用液压驱动代替电机驱动的。

锚和锚链的规格及配备数量应按照相关的船舶建造规范。

系泊设备

系泊设备是将船系靠于码头、浮筒、船坞或邻船用的设备。主要包括缆索、带缆桩、导缆器、系缆卷车和系缆机械。

系泊设备主要包括缆索、带缆桩、导缆器、系缆卷车和系缆机械等。常用的缆索有白棕缆、钢缆、合成纤维缆。带缆桩用于系结缆索，有柱式（双柱、独柱、直式、斜式）带缆桩和十字（单十字、双十字）带缆桩等。导缆器用于引导缆索通过并变换方向或限制它的导出位置，并可减少缆索和船体间的摩擦，主要有滚轮导缆器、导缆钳、导向滚轮或滚柱、导缆孔等。系缆卷车用于收卷和保存缆索。系缆机械用于收紧缆索，有时用起锚机械兼作系缆机械。系泊设备布置于船的首、尾和舷边，且多左右对称。

在重庆云阳某造船工地，工人调整船舶下墩的牵引缆索，以平衡船舶的均匀位移，防止船体倾斜和移动过快

现代船舶特别是大型船舶，如集装箱船、油船、散货船等，大都能在数小时内装卸万吨以上货物，以致船舶吃水迅速变化，易使缆索过分张弛而出现险情。因此，这类船舶多装有自动系缆设备，能根据缆索张力变化自动收放缆索，以保证船舶和码头的安全。

船舶起货设备

船舶起货设备是船舶自备的用于装卸货物的装置和机械，主要有吊杆装置、甲板起重机及其他装卸机械。

◆ 吊杆装置

吊杆装置由吊杆、起重柱（或起重桅）、索具和绞车（或起货机）

等组成。吊杆装置是船上传统的起货设备，虽然绳索繁多，操作麻烦，但结构简单，制造容易，成本低廉，至今仍有被采用。

　　常用的吊杆装置有单杆操作和双杆操作两种。单杆操作是用一根吊杆进行货物的装卸，吊杆吊起货物后，拉动牵索使货物随吊杆一起摆向舷外或货舱口，然后放下货物，再把吊杆转回至原位，如此往返作业。装卸时每次都要用牵索摆动吊杆，所以效率低，劳动强度大。双杆操作用两根吊杆，一根置于货舱口上空，另一根伸出舷外，两吊杆用牵索固定在某一工作位置上。两吊杆的起货索则共同连在一个吊钩上。只要分别收、放两根（条）起货索，就可把货物从船上卸至码头，或者把货物从码头装到船上。双杆操作的装卸效率比单杆操作高，劳动强度也较轻。

　　改良型吊杆装置是后来出现的，可分为双千斤索吊杆装置和埃贝尔吊杆装置。其中，双千斤索吊杆装置由单杆操作的吊杆装置改进而成，装置中只有起货索和两组左右分开的千斤索。吊杆由一台起货绞车和两台千斤索绞车操纵，操作方便，装卸效率也高。埃贝尔吊杆装置则由双杆操作的吊杆装置改进而成，装置中有起货绞车、千斤索和牵索绞车，可以借助绞车很快地把吊杆放在任何位置。同时还可以在吊杆的工作半径范围内定点起吊和落放货物，以提高装卸效率。这是向货物装卸全自动化前进

货轮上装置着吊杆起货设备

的重要一步。

吊杆装置可分为轻型和重型两类。起重量在 10 吨以下的为轻型吊杆装置，超过 10 吨的为重型吊杆装置。吊杆的起重量根据船舶的用途决定。一般干货船的轻型吊杆单杆操作起重量为 3～5 吨，双杆操作为 1.5～3 吨；万吨级干货船的单杆操作起重量可至 10 吨，双杆操作可至 5 吨。现代多用途船要装卸集装箱，吊杆的起重量至少应能吊得起 20 英尺（6.096 米）的集装箱（20 吨）。重型吊杆是用来装卸大型机械，机车车辆等重件大件货物的，一般货船上仅设置 1～2 根，起重量大多为 10～60 吨，也有 60～150 吨的，少数达 300 吨。一般干货船每个货舱都有 2 根轻型吊杆，巨型干货船每个货舱往往设置 4 根轻型吊杆。

◆ 甲板起重机

甲板起重机是设置在船舶上甲板上的机械。这种起重机结构紧凑，使船舶有较多的甲板面积可利用，对桥楼上视线的影响较小。甲板起重机操作简便，装卸效率高，机动灵活，作业前没有烦琐的准备工作，应用广泛。常用的有固定旋转起重机、移动旋转起重机和龙门起重机。传动方式有电力传动和

甲板起重机

电力－液压传动。

固定旋转起重机。这种起重机应用最广，可以单独或成对地在左

右舷作业。起重量一般为 3 ～ 5 吨。在多用途船上，要求单吊能吊起 20 英尺集装箱，双吊能吊起 40 英尺（12.192 米）集装箱（30 吨），其起重量可达 25 ～ 30 吨。在重吊运输船上安装的起重机，单吊可达 180 ～ 360 吨。

移动旋转起重机。在装卸货物要求起重机跨距较大，而又希望起重机吊臂不太长的情况下，往往采用移动旋转起重机。移动旋转起重机有沿船舶横向移动和纵向移动两种。

龙门起重机。为全集装箱船和载驳船所广泛采用，通常为四足型或 C 型。有一根可伸出的吊臂、吊重横档和一个可移动的桥架及驾驶室。桥架的水平主梁高出堆装在甲板上的集装箱，并有自动定位装置，装船时可以把集装箱准确地落放在集装箱分格中或堆放在甲板上。载驳船上的龙门起重机数量比集装箱船上的多，起重量可达几百吨。

◆ **其他装卸机械**

其他装卸机械主要有升降机、提升机和输送机。升降机是船上沿导轨垂直移动的机械，供各层甲板间提升和下降货物用。如滚装船上多采用升降机连接各层甲板以运送货物。滚装船上的升降机有剪式、链式等数种，其长度为 9 ～ 18.5 米，宽度为 3 ～ 5 米。有些载驳船上也安装升降机装卸货驳，不过起重能力比滚装船上的大得多。提升机是在垂直方向或较大的倾斜方向连续输送货物。输送机是在水平方向或坡度不大的方向连续输送货物。提升机和输送机多用在自卸船上或通过舷门进行装卸的船上。

随着海洋开发活动的增加，船舶随海浪纵摇、横摇与升沉对起重作业危险的影响越来越受到重视，各国对船用起重机的控制研究主要包括两方面：为降低船体运动影响的垂直控制（主动和被动补偿），以及为抑制负载摆动的减摇控制。

国际通岸接头

国际通岸接头是为方便将船舶管系与岸上（或其他船舶）对接的接口，船舶建造过程中需要在船舶合适位置（一般为甲板两舷）预留。

根据输送流体的性质不同，对通岸接头的要求也不同。与消防和防污染有关的介质，《国际消防安全系统规则》有相关国际通岸接头强制标准，以备全球范围统一，便于迅速连接；其余介质会有推荐标准系列型号，也能便于连接。

◆ 标准排放接头

含油污水或油泥标准排放接头

为了使接收设备的管路能与船上机舱舱底水和残油（油泥）舱残余物的排放管路相连接，在这左右舷两条管路上均应装有符合表 1 的标准排放接头。

表 1　含油污水或油污排放接头法兰的标准尺寸

项目	尺寸
外径	215 毫米
内径	按照管路的外径
螺栓圈直径	183 毫米
法兰槽口	直径为 22 毫米的孔 6 个，等距分布在上述直径的螺栓圈上，开槽口至法兰盘外沿。槽口宽 22 毫米

项目	尺寸
法兰厚度	20 毫米
螺栓和螺帽：数量、直径	6 个，每个直径 20 毫米，长度适当

注：法兰应设计为能接受最大内径为 125 毫米的管路，以钢或其他同等材料制成，表面平整。这种法兰，连同一个油密材料的垫圈，应能承受 600 千帕的工作压力。

生活污水标准排放接头

为了使接收设备的管路能与船上的生活污水排放管路相连接，左右舷两条管路均应装有符合表 2 的标准排放接头。

表 2 生活污水排放接头法兰的标准尺寸

项目	尺寸
外径	210 毫米
内径	按照管路的外径
螺栓圈直径	170 毫米
法兰槽口	直径 18 毫米的孔 4 个，等距离分布在上述直径的螺栓圈上，开槽口至法兰外沿。槽口宽 18 毫米
法兰厚度	16 毫米
螺栓和螺帽：数量、直径	4 个，每个直径 16 毫米，长度适当

注：法兰应设计为能接受最大内径不大于 100 毫米的管子，以钢或其他等效材料制成，表面平整，连同一个适当的垫圈，应能承受 600 千帕的工作压力。对于型深 5 米及以下的船舶，排放接头的内径可为 38 毫米。

◆ 国际规则

为了方便船舶在紧急情况下接受陆岸和其他救助船舶的帮助，船舶至少配备 1 只国际通岸接头。国际通岸接头法兰的标准尺寸，应符合表

3 要求；船舶饮水舱注入接头和供水法兰的标准，应符合表 4 要求。

表 3　国际通岸接头标准尺寸

名称	尺寸
外径	178 毫米
内径	64 毫米
螺栓圈直径	132 毫米
法兰槽口	直径为 19 毫米的孔 4 个，等距离分布，在上述螺栓节圆直径上，开槽口至法兰盘外缘
法兰厚度	至少为 14.5 毫米
螺栓和螺帽	4 副，每只直径 16 毫米，长度 50 毫米

注：国际通岸接头应用钢或其他等效材料制成，并设计成能承受 1.0 牛 / 厘米 ²
工作压力。其一端应为平面法兰，另一端则有永久附连的配合船上消火栓和
消防水带的接口。国际通岸接头应与 1 只承受 1.0 牛 / 厘米 ² 工作压力的任
何材料的垫片及 4 只长度为 50 毫米直径为 16 毫米的螺栓 4 只、直径为 16
毫米的螺帽和 8 只垫圈一起保存在船上。

表 4　船舶饮水舱注入接头和供水法兰（GB/T 5742—1999）

名称	尺寸
外径	185 毫米
内径	65 毫米
螺栓圈直径	145 毫米
螺栓孔	直径为 18 毫米的孔 5 个，等距离分布在上述螺栓节圆直径 145 毫米上
法兰厚度	至少为 13 毫米
螺栓和螺帽	4 副，每只直径 16 毫米，长度 50 毫米

注：注入接头个零件表面应光滑，不得有降低强度和影响密封性能的缺陷。钢质
零件进行热浸锌。注入接头应配备一把能抗腐蚀的挂锁，不注水时应封闭盲
板并锁死。供水法兰与注入接头为一对配对法兰，带有适当长度外径 76 毫
米短管用于连接供水软管。

　　除此之外，普通商船一般还配有燃油、滑油加装注入接头，也有的
船舶根据需要配备压缩空气、低压蒸汽接头。这些接头均布置在船舶甲

板两舷，接头处按一定标准焊接钢法兰，并使用盲法兰封闭，使用时拆掉盲法兰与外接管法兰对接。

液货装卸系统

液货装卸系统是为了保证人员健康、船舶安全和防止环境污染而设置的系统，包括液货管路系统、扫舱及扫线系统、洗舱系统、惰性气体系统及货物蒸汽控制系统等。因载货或环境保护要求不同还需设置特殊系统。

通常，液货经货物总管到各舱下舱阀后进入液货舱。为了人员健康和船舶安全，液货舱通过惰性气体系统充惰进行惰化，由于液货的不断进入，舱内气体压力逐渐升高，为确保舱内压力不对液货舱造成损坏，通常有舱内压力报警传感器，并在压力超过设定值时在货控室或驾驶台设置报警。为防止装货时密闭舱室压力升高，通常将透气桅泄放阀打开，将液货舱气体排放至空中使液货舱保持合适的压力，或通过气体排放控制系统回收上岸。装货结束后，关闭透气桅手动泄放阀，转换成透气桅的自动泄放。

航行途中，为防止有害气体泄漏，液货舱通常处于密闭状态。随着温度变化，舱内压力也随着变化，当舱内压力超过透气桅的自动泄放阀的设定压力时，自动泄放阀起跳，对与透气桅相连的液货舱的压力进行释放，直到自动泄放阀复位。例如，透气桅自动泄放阀失效或者不能有效泄放时,舱内压力继续升高,达到本舱压力/真空释放阀的设定压力时,本舱压力／真空释放阀的压力阀打开，释放舱内压力至一定值后该阀自动关闭。又如，本舱压力／真空释放阀的压力阀失效，不能有效释放压力时，舱内压力逐渐升高，当达到某一设定值时，装在总管上与各舱连通的压力真空破断装置开启，释放舱内压力，避免货舱结构因压力过大而损坏。当舱内压力低于设定压力时，本舱压力／真空释放阀的真空阀打开，允许外部气体进入液货舱，防止液货舱因真空度太大而变形。例如，本舱压力／真空释放阀失效，不能有效减小舱内真空度时，舱内压力逐渐降低到某一设定值时，压力真空破断装置开启，从而吸入外部空气减小真空度，避免货舱结构因真空度过大而损坏。液货舱内通常还设有高位以及高高位液位传感器，以保证装货操作的安全，避免货物溢出（不同船型设计稍有不同）。

卸货通常通过货泵进行。打开需要卸货的舱室的出口阀、货泵进口阀、本舱下舱阀，启动货泵，并逐渐打开泵浦出口阀，让液货在本舱打循环。逐渐开启通岸阀，关小下舱阀，并不断提高货泵转速，直至达到卸货流量要求。卸货的同时，舱内压力逐渐降低，利用船舶惰气系统不断地往卸货舱内补充惰气，保持货舱内合适的压力。如果出现舱室压力或管路压力超出许可范围，随时通过调节货泵控制卸货速度。

化学品船通常在液货舱设置吸阱及深井泵。吸阱位置较低，以便将液货存于该处，然后由深井泵直接卸除。部分液化气船有类似设置。化学品船的液货管系及液货泵通常由耐腐蚀的特殊不锈钢材质制造。液化气船为了将液货卸除干净，在舱压不足以支撑液货以液体状态排岸时，通常用压气机加压卸货。

液货船通常还设有洗舱系统和扫舱系统以便将舱内及管线内液货清除干净。化学品船洗舱不同于油船原油洗舱，为了防止有毒化学品及其残余物排放到海里，载运化品的液货船还需进行预洗和扫线作业。

油船惰气可以在船上由惰性气体系统产生提供。液化气和化学品船用惰气可由船舶的惰性气体系统提供或由岸基提供。

液货船通常设有专用污液舱，收集残留污液。由于不同货物的要求，有些船舶的液货舱还安装有货物加热系统，以及为方便设备维修、更换货种的需要，船舶需要进行洗舱作业，因此还安装有洗舱机。

船舶减摇装置

船舶减摇装置是利用水舱内水重力形成的力矩使船舶摇摆程度减小的装置。船舶减摇装置的形式主要有减摇水舱和减摇鳍，其中应用最广泛的是减摇鳍。

◆　减摇水舱

减摇水舱能使船舶在任何航速下（即使停泊时）依然有较好的减摇效果，即减摇效果与航速无关。可分为被动式减摇水舱和主动式减摇水舱两种。

被动式减摇水舱

被动式减摇水舱设置在船中部两舷的水舱底部，用管道相连，舱内注入一定量的水。船体的横摇运动会引起水舱内水的运动，这种运动使水舱内水的重心发生改变，从而产生抑制船舶横摇的稳定力矩。因不需要任何动力而被称为被动式减摇水舱。最常用的是U形水舱和槽形水舱。

其减摇机理是,水舱内振荡的固有频率和船舶横摇的固有频率相等,这样在发生共振时,减摇水舱随船一起运动,而减摇水舱内水的运动滞后横摇角90°。当船横摇的固有频率等于波浪的扰动力距频率时,也发生共振,这时船的横摇角滞后波浪力距90°。此时,减摇水舱内水的运动就滞后波浪扰动力矩180°,即水舱里水的重量引起的稳定力矩方向和波浪扰动力矩方向正好相反,从而使共振区横摇减小。

被动式减摇水舱仅在中等海况和船舶初稳心高的限定范围内,且在接近船舶固有频率,才提供有限的减摇效果,最好的减摇效果可达60%～70%。离开共振区,其减摇效果显著下降。其优点是设备简单、费用低及在任何航速下均有一定的减摇效果。

为了改善被动减摇水舱的性能,还设计了一种可控被动减摇水舱,即在水舱底部的连通管道上安装节流阀,通过横摇传感装置调节节流阀开度,以控制水的流量,使这种减摇水舱比被动减摇水舱能在较宽的频率范围内有效工作。

主动式减摇水舱

主动式减摇水舱是利用角速度陀螺仪检测船舶的横摇角速度信号,然后控制水泵和阀伺服机构,将一定量的水从一舷的减摇水舱输送到另一舷的减摇水舱,以建立稳定力矩实现船舶减摇。

所需设备主要包括控制系统、伺服系统、检测减摇水舱内水头(压力)传感器、水流速传感器、大功率泵等,装置比较复杂,运行费用比较高。总之,减摇水舱对改善低速船、海上作业的浮动平台、火车轮渡等特种船舶的横摇性能具有独特的优点。

◆ **减摇鳍**

减摇鳍是最常用的一种主动式减摇装置，主要包括机翼型的鳍（至少一对）、转鳍的液压传动装置和电气控制系统。船舶航行时，水以一定的速度流过机翼型的鳍，因此在鳍上产生升力，使船舶左右两舷的鳍形成一对稳定力矩，可以对抗波浪引起的船舶横摇，从而达到减小船舶横摇的目的。

最早专利是由英国造船工程师 J.I. 桑尼克罗夫特（John Isaac Thornycroft，1843 ～ 1928）在 1889 年获得。1923 年，日本的元良信太郎设计了第一套实用的减摇鳍，经装船实验得到了良好的减摇效果。

减摇鳍分为非收放式减摇鳍和可收放式减摇鳍。①非收放式减摇鳍。装置的鳍一直伸出在舷外，不能收回，按控制规律转动，产生升力。其主要特点是结构简单，几乎适用于各种船舶。但该鳍的升力系数比收放式减摇鳍的升力系数小，因而在面积相等、航速一样的情况下，升力较小。当船舶航行时，鳍

2000 年 1 月 7 日，船艇数控减摇鳍在哈尔滨研制成功，这套减摇鳍的形状和功能均类似鱼鳍，在船只产生轻微倾斜时，配套装置的陀螺就会通过计算机把信号传导给减摇鳍，使其产生与倾斜方向相反的力，维护船只的平衡。图为技术人员在对减摇鳍进行安装前的最后检查

像舭龙骨一样，对船舶产生附加阻力。鳍一直伸出在舷外，因此容易被损坏。②可收放式减摇鳍。装置的鳍在船舶遇风浪需要减摇时放出舷外，在控制信号作用下转鳍，产生稳定力矩。不用鳍时，将鳍收进舱内。其主要特点是鳍的升力系数较大，静水航行时鳍收进船舱，不产生附加阻力。但装置多了一个收放机构，需要占用一定的船内空间。

减摇效果最好的是主动式减摇装置。通常航速在 5 ～ 8 节时的减摇效果最好，减摇效果可达 90%。例如，1985 年英国"玛丽皇后"号在大风浪条件下进行了减摇性能实验。当减摇鳍工作时，船的横摇角平均在 2°左右；而减摇鳍不工作时，横摇角达 25°。

减摇鳍一般安装在客船（邮轮）、滚装船、集装箱船、军舰等船舶上。

船舶侧推装置

船舶侧推装置通过船舶管道中的螺旋桨相对于船体横向喷射出水柱所产生的反作用力使船舶转向，以改善船在微速或零速时的操纵性。又称侧向推进器、侧向推力装置、侧向推力器。常设置在船首或船尾且贯通两舷的管道中，推进器装在管道的中位。

根据管道的形状，分为直管和倒 Y 形两种。前者在船首或船尾都可设置，推力方向及大小可通过螺距调节；后者进流口正对船艏，通过启闭两舷的支管来改变推力方向。尤其在船舶靠离码头或低速航行时，侧推器可作为辅助推进器，以改善船舶的操纵性。例如，受风面积大的集装箱船、滚装船或大型油船，在低速航行时，舵效甚差，难以满足操纵要求，装设侧推器后，可使船舶的操纵性能显著提高。

通常在低速航行时（一般不超过 5 节），侧推装置所产生的推力效果较佳。随着船速的增加，由于在管道喷口后侧将产生低压区而使侧推力有所丧失。各种侧推装置的推力均随船速的增加而急剧下降。此外，管道的喷口改变了附近水流的方向，因而，对船体阻力影响很大，可达有效功率的 1% ～ 5% ，

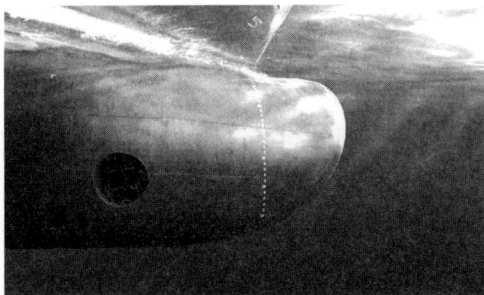

内置船舶侧推装置的船首

喷口形状对侧推装置的推力也有很大影响，在设计中须加以考虑。

侧推装置适用于推船、拖船、集装箱船、钻探船、调查船等，以提高船舶的操纵性能，也可用作船舶动力定位装置中的推进器。船舶侧推装置均由电动机驱动。

船舶节能

船舶节能指减少燃料消耗量和提高燃料使用效果的措施。现代船舶主要以石油为燃料。燃料费用在船舶营运成本中占有一定的比重，并随油价上涨而提高，所以，节约燃料对降低船舶营运成本有重要意义。

◆ 技术途径

主要有以下途径：①降低航速。船舶航速与推进功率约成 3 次方的关系，同样与燃料消耗量也成 3 次方关系。新造船的航速有所降低，

如集装箱船从每小时 33 海里降到 20 海里左右，散货船和油船从每小时 16 海里降到 14 海里以下。②以经济航速航行。原来功率较大的船舶，可降低功率，甚至降到额定功率的 50% 慢速航行。③改善船型以减少船舶阻力。改善船体水线以下的油漆涂料，使船体经常保持光滑，以减少摩擦阻力；改进船体线型以减少兴波阻力和旋涡阻力。④提高推进效率。多使用低转速大直径螺旋桨以提高工作效率，因此，作为主机的低速柴油机就向长冲程低转速发展，中速柴油机则选用大减速比的齿轮箱。⑤降低燃料消耗率。提高动力机械的效率，降低主机和发电机的原动机和锅炉等的燃料消耗率。1983 年，低速柴油机耗油率已低于 130 克 /（马力·小时），中速柴油机已低于 140 克 /（马力·小时）。⑥采用代用燃料。油质越低劣，价格越便宜。可根据机器和油加热、净化处理设备的条件，以劣代优或优劣混合使用，如重柴油代轻柴油，渣油和重柴油掺和使用，或将船用柴油和渣油按不同比例掺成不同黏度型号的中间燃料油等。1982 年，建成使用烧煤锅炉和汽轮机的

连申线航道东台水上服务区工作人员为停靠的船舶刷卡充电

大型散货船。将煤制成合成燃料是船舶燃料的一个发展方向。⑦利用废热。柴油机约有 40% 热能转换成有用功，另有 40% 的热能从废气中排出，排气温度约 400℃，可用来烧废气锅炉，产生蒸汽供加热燃油和生活需要，也可用来驱动汽轮机发电等。远洋船舶柴油机汽缸冷

却水中的热量，可用来淡化海水。⑧主机主轴带动发电机和油水泵。船舶在主机工况稳定航行时，由主机主轴直接带动发电机，发电的费用比较低。用主机轴带动主机的润滑油泵和冷却水泵，不再用电动机驱动，还可减少机械能与电能的转换损失，降低单位能耗的费用。⑨提高动力装置的热效率。节约照明、空调、通风用电，提高各种泵、风机、起货机、舵机、锚机等辅机的效率以减少对燃料的需要，提高整个装置的热效率。

◆ **发展趋势**

随着船舶节能的进一步发展，通过在螺旋桨上设置前置半导管及舵球等装置、选择节约型船舶主机和提高低负荷时船舶的燃油利用率等方法在船舶推进、主机运行方面实现了船舶节能。

在螺旋桨上设置前置半导管。在螺旋桨的前面设置一个半导体管，可以有效抵消螺旋桨的预旋流，减小螺旋桨的阻力，从而使得船舶行进中动力更强，提高了船舶的推进效率。

在螺旋桨上设置舵球等装置。在船舵的前端螺旋桨的桨帽处安装舵球，以及在舵叶两旁安装推力鳍，可以降低螺旋桨的尾流阻力带来的动力损失，并且通过舵叶两侧的推力鳍调整了水流的角度，这样能够更好与螺旋桨尾流相匹配，并且能够将其转换为螺旋桨的旋转动力。

选择节约型船舶主机。通过利用智能控制、优化设计、超长冲程等，使船舶主机的效率提高。

提高低负荷时船舶的燃油利用率。中、低负荷下降低船舶燃油消耗率主要有以下几种方法：①可调节的喷嘴环（VT）技术。可以根据柴油机所处于的负荷状态来调节喷嘴环的面积。研究表明，使用了喷嘴环后，低负荷情况下燃油消耗率（SFOC）会降低。②排气旁通（EGB）技术。在主机的排气管路中增加旁通管路，以根据主机负荷处理废气。③电控调节（ECT）技术。根据爆压和柴油机的控制参数来优化排气阀和燃油喷射的工作状态。这种技术能使船舶在低负荷时，降低燃油消耗率值。

船体防腐

船体防腐指防止船体钢材因受周围大气、海水或河水、水生生物等的作用而发生的腐蚀。

◆ **主要方法**

防止船体腐蚀的方法主要有两种。①涂料法。在船体钢材表面涂刷油漆，利用漆膜隔绝周围介质对钢材的侵蚀。这是一种简便有效的传统防腐方法。早期使用的油漆是一种油性涂料，而后研制成的新型合成树脂涂料，使用寿命可达 3 ～ 5 年。②阴极保护法。是利用不同金属的电势不同以保护船体金属的方法。阴极保护法分牺牲阳极法和外加电流阴极保护法两种。牺牲阳极法于 20 世纪 40 年代开始应用于海船防腐。此法是选择一种比铁更活泼的金属（如锌、铝）或合金（如镁合金）安装在船体水下部分作为阳极被腐蚀，锌、铝、镁较铁活泼，通过电解质，海水会不断放出电子输入船体，使船体成为阴极而得到保护。外加电流阴极保护法，于 20 世纪 50 年代开始用于船体防腐。此法由直流电源通

过保护阳极对船体施加保护电流，
使船体成为阴极而得到保护。保
护阳极为铅或银的合金，或镀铂
的钛等制成，布置在船体水下部
分表面上。允许的阴极保护电势
是 0.75 ～ 0.95 伏。保护电流的大
小由自动控制的恒电位仪调节。

船体防腐作业

暴露在大气中的船壳和水线
部分的船壳的防腐，趋向于涂刷
厚浆型的氯化橡胶系、乙烯系、
环氧系和聚氨基甲酸酯系新型合
成树脂涂料。对淡水中的船体防腐一般是将阴极保护法和涂料法结合
使用。

随着修造船业的技术进步，机械化程度日益提高，修造船的周期在
缩短，这对船舶涂料的综合性能、表面处理工艺、涂装工艺及设备的要
求越来越高。为了满足船东和修造船厂的要求，船舶涂料向着高性能、
节能、施工方便、高效、符合环保要求的方向发展。如采用厚浆型、快
干或无溶剂涂料来达到高效节能的目的；使用不含铅、铬等重金属颜料，
降低涂料中有机溶剂含量，不使用有机锡、焦油等有害物质来达到环保
卫生的要求。

◆ **新技术和设备**

主要有：①表面预处理技术。由于受环保的压力，传统干喷砂工

艺受到限制，船厂逐渐采用水喷砂和高压水除锈的工艺。水喷砂是将磨料与水混合后，喷射到所要喷砂的物体上。高压水除锈就是利用专用设备产生高压水（70～170兆帕）和超高压水（170～300兆帕）喷射到需表面处理的物体上。该技术不产生粉尘、废渣，噪声低，非常环保。②表面溶解盐的分析和处理技术。大多数船厂位于海边，海洋大气中的盐雾会沾染到船体的表面，另外，喷砂所用磨料中盐分也会沾染船体的表面，表面的溶解盐对涂料的防腐性能影响非常大。因此，国际上已制定相关的表面溶解盐的标准。③阴极保护功能和涂膜结合新技术。把阴极保护功能和涂膜的屏蔽功能融合为一体的新型防腐蚀技术得到了广泛的关注，并在实际上得到了较好的应用。由于锌具有良好的牺牲阳极而被腐蚀，可以有效地保护钢铁基体的特点，大体有以下几种：环氧富锌底漆、无机磷酸盐富锌（铝）涂料、无机硅酸盐底漆、富锌带锈自干型涂料、水性型无机双组分富锌涂料和以纳米材料改性的无机富锌（水性）涂料等。其他种类的有高富锌涂料、电镀锌、热镀锌、电弧喷锌、热渗锌（粉末渗锌）等。

为了适应新型涂料，喷涂设备制造商也在不断提高喷涂设备的性能，以适用于高黏度、厚浆型的涂料体系。随着高性能双组分环氧、聚氨酯涂料的日益广泛使用，喷涂设备制造商又开发出双组分高压无气喷涂机，适用于不同配比的双组分体系，通过混合管多次剪切混合，使得甲乙组分充分混匀，同时漆料还可预热，降低物料的黏度，保证喷涂效果。

船舶维修

　　船舶维修指在使用期内的船舶为保持良好的技术状态所进行的定期维护和修理。具有船级的船舶还须由验船机构定期检验，以保持其船级。

　　各国由于经济条件不同，船舶维修的方针也不相同。航运发达国家的船舶更新很快，一艘新船往往使用10年左右即被淘汰，送入旧船市场。因此，除了为保持船级而进行必要的检查和维修以外，实行尽量少修的维修方针。中国在20世纪50年代，因造船工业基础薄弱，实行尽量延长船舶使用寿命的修理方针。20世纪70年代以来，随着造船工业的发展，这种情况已有很大改变。

◆ 分类

船舶维修通常分为以下5种。

　　①岁修。又称小修，1～2年一次。客船和冷藏船的岁修间隔要短些，普通货船和驳船的可以长些。船舶岁修要在修船厂的船坞内或船排上进行。岁修主要是维护保养性的，如清除依附的海洋生物并重新油漆船体，检查螺旋桨和舵，测量尾轴间隙，研磨海底阀，对主机进行吊缸检查等等。岁修一般结合年度检验进行，由验船师对船体和安全、救生、消防、起重等设备，以及动力装置、电气和通信导航设备等20多个项目进行一般性外表检查，发现缺陷即进行修理，使船舶在下一次岁修前能保持安全航行的技术条件。

　　②检修。4～6年1次，即经过2～3次岁修后进行一次检修。其修理范围大于岁修，具有预防性质，也在修船厂的船坞或船排进行。检

修一般结合特别检验，由验船师对船体和全船主要设备共40多个项目进行拆检、测量、试验。根据检验结果，对那些至下一次检修可能影响安全航行的项目加以修复，保证船舶使用寿命。

③航次修理。简称航修。在岁修或检修前，由修船厂派人到停靠在码头、锚地或航行中的船上，协助船员排除临时发生的故障，使船舶持续营运。

④事故修理。是在发生碰撞、搁浅、失火等海损事故或机损事故后，为消除事故所造成的损坏而进行的修理。事故对船舶造成的损坏程度和修理范围须经船舶检验机构检查鉴定。

⑤改装修理。是为改善船舶性能或改变船舶用途而进行的改装和修理工程。如将船体接长，把普通船改为专用船，把动力设备由蒸汽机改为柴油机等。对涉及船舶基本结构和主要参数的改动，须事先设计，经船舶检验机构核准后进行。

◆ 工艺方法

2007年7月4日，"奋威"号挖泥船进入河北山海关船舶重工有限责任公司的大型船坞内进行维修

为了提高工作效率，通常采用先进的船舶维修工艺和维修方法，主要有：①采用压力高达50兆帕（MPa）的高压水或高压水喷砂清洗船体和除锈，除锈速度达到2000米²/小时。②采用压力为20兆帕（MPa）的高压无

气喷漆法油漆船体，如果气候潮湿则用热气烘干，喷涂速度达到
4000 米²/ 小时。③采用分段、分片预制法进行船体换板，单船每天换
板量达到 30 ～ 40 吨。④由潜水员操纵液压旋刷或气动旋刷等工具在水
下清刷或检修船体，以解决在无大坞的情况下修理大型船舶的困难，并
且可以与装卸货物同时进行，减少因进坞而造成的停航损失。⑤用碱性
溶液清除机电设备上的油垢，用酸性溶液清除水垢，用中性溶液清洗电
器，清洗效率大大提高。⑥对大型机件如曲轴、轴系和舵杆等采取不拆
运到车间，在船上或坞内就地修理的方法。⑦对精密机件如自动化装置、
调速器、增压器等实行专业化修理。⑧对中小机件采取成组换修的方法，
换下的旧件按新制的标准修复后再用。

本书编著者名单

编著者 （按姓氏笔画排列）

王钟华	石阶池	叶士雄	乔　冰
刘百庸	汤理平	严家定	杨炳林
肖仲明	吴秀恒	汪暗生	张玉喜
张吉平	张存有	陈达权	陈其华
陈振翼	陈海泉	陈祥峰	林瑞东
姜鹏远	洪碧光	党　坤	钱淡如
高惠君	唐志拔	章炎阳	潘忠琴
戴熙愉			